Themis
Revista de Direito

Director
José Lebre de Freitas

Redacção
Ana Prata, António Manuel Hespanha, Armando Marques Guedes,
Carlos Ferreira de Almeida, Miguel Poiares Maduro, Rui Pinto Duarte,
Teresa Pizarro Beleza

Secretária da Redacção
Isabel Falcão

IX.15 (2008)

THEMIS
REVISTA DE DIREITO

EDITOR
EDIÇÕES ALMEDINA, SA
Av. Fernão Magalhães, n.º 584, 5.º Andar
3000-174 Coimbra
Tel.: 239 851 904
Fax: 239 851 901
www.almedina.net
editora@almedina.net

PRÉ-IMPRESSÃO I IMPRESSÃO I ACABAMENTO
G.C. – GRÁFICA DE COIMBRA, LDA.
Palheira – Assafarge
3001-453 Coimbra
producao@graficadecoimbra.pt

Dezembro, 2008

DEPÓSITO LEGAL
149844/00

Apesar do cuidado e rigor colocados na elaboração da presente obra,
devem os diplomas legais dela constantes ser sempre objecto
de confirmação com as publicações oficiais.

Toda a reprodução desta obra, por fotocópia ou outro qualquer processo,
sem prévia autorização escrita do Editor,
é ilícita e passível de procedimento judicial contra o infractor.

Novo Regime do Arrendamento Urbano

NOTA DE INTRODUÇÃO

JOSÉ LEBRE DE FREITAS[*]

Em 10 e 11 de Outubro de 2006 realizou a Jurisnova um seminário dedicado ao Novo Regime do Arrendamento Urbano, que veio a ser depois repetido em Setúbal e em Angra do Heroísmo. Nele se procurou que fossem analisados os principais pontos de divergência do novo regime relativamente ao anterior. Algumas das comunicações apresentadas foram entretanto publicadas em outros locais.

Apesar do tempo decorrido, guarda interesse publicar ainda as restantes comunicações (metade das dez que tiveram lugar no seminário), cobrindo as áreas da evolução histórica (Conselheiro Pinto Furtado), o regime de obras (Professora Assunção Cristas), a cessação da relação de arrendamento urbano (Professor Pinto Duarte), a acção declarativa e executiva de despejo (eu próprio) e o regime transitório (Mestre Elsa Sequeira Santos). Estes são os textos que se seguem.

---

[*] Professor Catedrático da Faculdade de Direito da Universidade Nova de Lisboa.

O Regime do Arrendamento Urbano: Evolução e novas perspectivas*

Pinto Furtado**

1. Introdução

O tema que me foi proposto e sobre o qual tecerei as considerações que se seguem dedica-se à evolução do regime do *arrendamento urbano* no nosso Direito positivo.

Vou assim principiar por descrever os traços fundamentais que, até aqui, têm caracterizado entre nós este instituto, na sua vertente vinculística, para depois lançar um breve olhar sobre as matrizes a que obedecem o *Novo Regime do Arrendamento Urbano* (NRAU), aprovado pela Lei n.º 6/2006, de 27 de Fevereiro, e os seus diplomas complementares já publicados, a fim de tentar surpreender, numa rápida análise crítica, as perspectivas que nos são oferecidas na matéria pela nova legislação posta em vigor.

2. A primitiva sujeição do arrendamento urbano ao princípio da autonomia da vontade: os arts. 1614 e 1624 do CCSeabra

Em tempos menos recentes, o *arrendamento* constituía-se, normalmente, mediante um contrato, com as suas normas próprias – que tradicionalmente beneficiavam, com a maior amplitude, como as dos outros contratos, em geral, do *princípio da autonomia da vontade.*

Com base neste princípio, as partes eram livres de o celebrarem ou não celebrarem; de estabelecerem o seu programa, preenchendo-lhe o conteúdo como bem lhes parecesse; de o combinarem com outros tipos ou variantes

---

* O presente texto foi retirado das breves notas que serviram de base à intervenção oral subordinada ao mesmo título, realizada na sessão de 10 de Outubro de 2006 do Seminário organizado no âmbito da Faculdade de Direito da Universidade Nova sobre *A Nova Lei do Arrendamento Urbano.*

** Juiz Conselheiro Jubilado do Supremo Tribunal de Justiça.

negociais, compondo modelos próprios, e, em suma, de escolherem a pessoa com quem quisessem contratar.

Sendo *temporário* por natureza, o contrato cessava, findo o prazo estabelecido, só podendo prorrogar-se quando ambas as partes nisso concordassem.

Não havia, por conseguinte, *bloqueio* da renda primitiva – que, por outro lado, era contratada livremente e sem subordinação a qualquer *tabelamento legal* – nem a menor imposição constrangedora da vontade do senhorio de *prorrogação contratual*, findo o prazo de duração convencionado.

No Código Civil de SEABRA, estes princípios encontravam ainda plena consagração (arts. 1614, 1616, 1618, 1624).

Com efeito, rezava assim o seu art. 1614:

> "*O arrendatário não pode recusar a entrega do prédio, findo o arrendamento. Só no caso de benfeitorias expressamente consentidas por escrito, ou autorizadas pelas disposições do artigo 1611, terá o direito de retenção, até haver a importância, imediatamente provada, das ditas benfeitorias*".

E, no mesmo sentido, dispunha o art. 1624 do mesmo Código:

> "*Presume-se renovado o contrato, se o arrendatário se não tiver despedido, ou o senhorio o não despedir no tempo e pela forma costumados na terra*".

3. A CRISE EUROPEIA DA AUTONOMIA ARRENDATÍCIA SUSCITADA PELO DESENROLAR DA GRANDE GUERRA DE 1914-18 E O SURGIMENTO DO VINCULISMO ARRENDATÍCIO

Com o desenrolar da I Grande Guerra, porém, nos países envolvidos no conflito, ou por ele afectados, estabeleceram-se circunstâncias que vieram pôr tais princípios em crise.

De começo, foi imperioso assegurar aos mobilizados e suas famílias a conservação da *casa de habitação* arrendada e a estabilidade da renda respectiva.

Depois, as devastações da guerra reduziram os parques imobiliários, e a inflação veio afectar a estabilidade das rendas, atingindo a vida das pessoas em domínio reputado essencial.

Providências protectoras dos *arrendatários*, restringindo severamente a *liberdade contratual* tiveram, assim, de generalizar-se a todos os arrendamentos de *prédios urbanos* – não apenas aos destinados à *habitação* – e não só nos Estados beligerantes, mas também em outros países influenciados pelo mesmo condicionalismo.

4. OS VÍNCULOS ESTABELECIDOS: BLOQUEIO DE RENDAS E PRORROGAÇÃO FORÇADA; ANUNCIADO CARÁCTER TRANSITÓRIO E DE ORDEM PÚBLICA DESTES VÍNCULOS

A primeira e mais importante das restrições foi a imposição de automática *prorrogação legal* dos contratos de *arrendamento urbano,* findo o prazo que tinha sido convencionado pelas partes.

Com ela, estabeleceu-se complementarmente, no entanto, o *bloqueio da renda primitivamente fixada,* a qual deixou, assim, de acompanhar a desvalorização da moeda

Isto, sem prejuízo de eventuais ajustamentos, sempre controlados pelo Estado – e de se ir cercando progressivamente o conteúdo dos contratos de uma teia de *normas injuntivas* protectoras do *locatário.*

Como estas providências legislativas foram essencialmente limitativas da *liberdade contratual,* substituindo-a em boa parte por *ius cogens,* e impondo restrições, ou *vínculos,* à *autonomia da vontade privada,* vieram os *arrendamentos* afectados por semelhante legislação a receber modernamente, na doutrina, a designação de *arrendamentos vinculísticos.*

5. O CASO DE PORTUGAL

E em Portugal?

5.1. Da República à Reforma de 2006

O *vinculismo,* aqui, surgiu antecipadamente, como um produto revolucionário da implantação da República, como vimos denunciando há longo tempo, corrigindo erros que ameaçavam generalizar-se nos meios de comunicação social.

Efectivamente, em 12 de Novembro de 1910, foi publicado um decreto sobre *arrendamentos urbanos* onde, entre outras disposições, se estabeleceu o seguinte:

Art. 9.º

"*O senhorio de prédios urbanos pode arrendá-los pelo preço que lhe convier; mas, durante um ano a contar da publicação deste decreto, não poderá aumentar o preço da renda, e, se tal fizer, presumir-se-á que quis contrariar as obrigações ou restrições impostas pelo decreto, incorrendo por isso na pena de desobediência".*

Depois, com o Decreto n.º 1:079, de 23 de Novembro de 1914, "*a fim de proteger na medida do possível, as classes menos abastadas durante a crise económica e financeira que atravessam quase todas as nações sem exclusão da nossa*", determinou-se:

Art. 1.º

"*Na renovação dos contratos de arrendamento de prédios urbanos, cujas rendas mensais não ultrapassem, à data do presente decreto, 18$00 em Lisboa, 15$00 no Porto, 10$00 nas outras cidades e 5$00 em todas as restantes terras do continente da República e ilhas adjacentes, fica proibido aos senhorios o elevarem, sem consentimento dos arrendatários, as respectivas rendas, sob pena de desobediência qualificada e de serem condenados como litigantes de má fé, para os efeitos legais, nas acções... etc.".*

Note-se que, louvavelmente, se teve em vista, neste diploma, um aspecto elementar – *atendeu-se ao nível económico do arrendatário*.

A seguir, a Lei n.º 828, de 28 de Setembro de 1917, "*enquanto durar o estado de guerra e até seis meses depois de assinado o tratado de paz*", e continuando a atender ao *nível económico do arrendatário*, subiu os escalões de proibição do aumento das rendas, nas localidades anteriormente referidas, respectivamente para 25$00, 20$00, 13$00 e 8$00 – e proibiu os *senhorios* ou *sublocadores* de "*intentarem acções de despejo que se fundem em não convir-lhes a continuação do arrendamento seja qual for o quantitativo das rendas*" (n.º 5.º do art. 2.º).

Pela primeira vez, se associa, assim, ao vínculo do *bloqueio de rendas* o da *prorrogação forçada*.

O Decreto n.º 4:499, de 27 de Junho de 1918, subiu aqueles montantes para, respectivamente, 40$00, 35$00; 20$00 e 15$00 (§ único do art. 45).

Renova, no seu art. 46, o *vínculo de prorrogação forçada* enquanto durar o estado de guerra e até 1 ano depois de celebrado o tratado de paz, ao proibir os senhorios de intentar acções de despejo contra os arrendatários, com fundamento em não lhes convir a continuação do arrendamento – salvo em casos especiais (necessidade obras, má vizinhança, etc.).

Posteriormente, com o Decreto n.º 5:411, de 17 de Abril de 1919, um diploma básico do arrendamento urbano que vigorou durante largo tempo, ainda dentro da mesma filosofia, subiram-se os escalões até onde não podia haver aumento de renda, para, respectivamente, 50$00, 40$00, 20$00 e 15$00

– e, no seguimento da Lei n.º 828 e do Decreto n.º 4:499, repetiu a proibição de os *senhorios "requererem o despejo de qualquer prédio, seja qual for a sua renda, com o fundamento de lhes não convir a continuação do arrendamento".*

E assim continuou o *vinculismo* a perdurar entre nós, através, principalmente, dos seguintes diplomas – *perdendo-se entretanto, lamentavelmente, qualquer relacionamento com o nível económico do arrendatário* respectivo:

- Lei n.º 1:662, de 4 de Setembro de 1924
- Lei n.º 2:030, de 22 de Junho de 1948
- Código Civil de 1966 e seu diploma preambular
- Decreto-Lei n.º 445/74, de 12 de Setembro

Nos primeiros anos da década de 80 do século passado, começou a sentir-se, em matéria de *arrendamentos urbanos*, a necessidade de algum regresso ao *princípio da autonomia da vontade*.

Notou-se já isso, claramente, nas célebres 100 «medidas» para os primeiros 100 dias de governo, proclamadas com a campanha eleitoral do Partido Socialista, que saiu vitorioso das eleições, aliando-se então ao Partido Social Democrata, na célebre coligação que se popularizou com a designação de *Bloco Central*.

Na Assembleia da República, estabeleceu-se deste modo a maior maioria de sempre da história parlamentar pós-25 de Abril.

Esgotados, porém, os primeiros, segundos, terceiros 100 dias, bem como todos os que se lhes seguiram, não se deu um único passo no caminho prometido.

Surgiu ele apenas com a Lei n.º 46/85, de 20 de Setembro, quando o Governo já estava despedido, e para ser regulamentada em parte, como um presente envenenado que se lhe oferecia, pelo Governo a sair de futuras eleições.

Com este, sob a chefia de Cavaco Silva, foram imediatamente editados os diplomas complementares que asseguraram a execução da Lei, entre os quais avultam o Decreto-Lei n.º 13/86, de 23 de Janeiro, e o Decreto-Lei n.º 68/86, de 27 de Março.

Em ambos os casos, esta nova legislação limitou-se, no entanto, a permitir *actualizações de rendas*, mitigando, dentro de apertado condicionalismo, o *bloqueio* anterior, mas conservando, no essencial, o *regime vinculístico* do Código.

Assim chegámos ao Decreto-Lei n.º 329-B/90, de 15 de Outubro, que aprovou o *Regime do Arrendamento Urbano* (RAU) e aos diplomas que, em 1993, e em 1995, o completaram.

Com estes diplomas, implantou-se uma notável inovação autonómica em matéria de *arrendamento urbano*: permitiu-se o afastamento da *prorrogação forçada* em novos contratos, primeiro, em 1990, só para o *arrendamento habitacional* e depois, em 1995, também para os restantes, nos novos contratos que viessem a ser celebrados com a expressa estipulação de *duração limitada* (ou *prazo certo*) pelo período mínimo, geral, de 5 anos.

5.2. A Reforma de 2006

Algumas providências liberalizantes menores foram ainda adoptadas pelos referidos diplomas, embora se possa dizer que foi essencialmente com esta grande abertura que se rasgou um caminho que só muito mais tarde viria a ser retomado, primeiro, com a frustrada *Reforma de 2004* e, por fim, com a *Reforma de 2006*, estatuída com a Lei n.º 6/2006, de 27 de Fevereiro, para entrar em vigor em 28 de Junho.

Esta Lei autorizava o Governo a publicar vários diplomas complementares, que vieram a ser os seguintes:

- Decreto-Lei n.º 160/2006, de 8 de Agosto – regula os elementos do contrato de arrendamento e os requisitos a que deve obedecer.
- Decreto-Lei n.º 156/2006, de 8 de Agosto – estabelece o modo de fixação do nível de conservação dos imóveis locados, antes de 90 (habitacionais) e de 95 (não habitacionais), a estabelecer pelas CAM, mediante solicitação dos interessados.
- Decreto-Lei n.º 161/2006, de 8 de Agosto – regula as CAM, sua composição, competência e funcionamento.
- Decreto-Lei n.º 157/2006, de 8 de Agosto – aprova o regime jurídico da denúncia ou suspensão do contrato para demolição ou realização de obras de remodelação ou de restauro profundo, obras coercivas ou edificação em prédio rústico arrendado e não sujeito a regime especial.
- Decreto-Lei n.º 158/2006, de 8 de Agosto – regime de determinação do RABC e de atribuição do subsídio de renda.
- Decreto-Lei n.º 159/2006, de 8 de Agosto – define prédio ou fracção devoluta, para efeitos de aplicação da taxa do IMI.

O sistema da *Reforma de 2006*, apesar de se referir a três categorias temporais de *arrendamento urbano*, estabelece um sistema que, basicamente, assenta numa dicotomia fundamental de *arrendamentos urbanos*:

a) Os posteriores a 27 de Junho de 2006 e, bem assim, os anteriores, que sejam de *duração limitada*; e
b) Todos os anteriores (ditos *sem duração limitada*).

Os últimos regem-se:

a) Pelas normas transitórias do capítulo II do título II da Lei, compreendendo a disposição relativa às *benfeitorias* (art. 29), a *actualização de rendas* (arts. 30 a 55) e a *transmissão* (arts. 56 a 58);
b) Pela maior parte dos diplomas complementares que, precisamente, a eles se dirigem;
c) Pelas normas do CC postas para os contratos de duração indeterminada, com as especificidades estabelecidas nos n.ºs 4, 5 e 6 do art. 26 da Lei n.º 6/2006 (art. 28).

Os contratos que vierem a ser celebrados após a entrada em vigor da *Reforma*, submeter-se-ão às disposições aplicáveis do CC e, em especial, às louvavelmente reconduzidas a este diploma pelo NRAU, colmando a cratera que nele tinha sido aberta pelo RAU.

Não cabe pormenorizar aqui o sistema introduzido pela Lei n.º 6/2006, mas tão-somente traçar as grandes linhas que compõem as perspectivas para que aponta.

Fundamentalmente, a Lei estabeleceu uma *summa divisio* dos *arrendamentos urbanos*, separando assim dois distintos sectores: o dos *arrendamentos vinculísticos*, por um lado, e o dos *não vinculísticos*, por outro.

Na minha fraca opinião, com isso estabeleceu duas áreas de méritos muito diferentes.

5.2.1. Breve análise crítica da disciplina estabelecida pelo NRAU para os arrendamentos urbanos não vinculísticos

No sector respeitante aos *arrendamentos urbanos não vinculísticos*, a *Reforma de 2006* é em minha opinião, certamente, meritória.

Além de ter louvavelmente reconduzido a disciplina dos novos contratos de *arrendamento urbano* ao CC:

- Consolidou as importantes inovações arrendatícias de 90-95;
- Aproveitou quase tudo o que de bom havia na frustrada *Reforma de 2004*;
- E melhorou mesmo, sem dúvida, alguns aspectos do respectivo regime substantivo, quer ao dividir os tipos fundamentais do *arrendamento urbano* em apenas duas grandes categorias quer em outras matérias que se revelam quando fazemos o seu estudo específico.
- Meritório é ainda o objectivo de se estabelecer um regime legal para a *ocupação de espaços em centros comerciais* – que, entretanto, está muito

condenavelmente por publicar, ameaçando tornar-se numa *promessa não cumprida*.

Alguns aspectos, porém, parecem menos positivos.

- O mais importante, para mim, será o de não se ter consagrado um processo mais expedito para a desocupação coerciva do imóvel, em caso de cessação do contrato, mantendo o condenável diferimento após o trânsito em julgado de uma decisão que geralmente leva, na prática, mais de *cinco anos* a proferir (nova redacção do art. 930-C CPC).

O RAU, em 1990, para os contratos com *duração limitada*, tinha descoberto a *execução para entrega de coisa certa*, para substituir a velha *acção de despejo*.

Sempre combati esta ideia, que me parece não ter sido feliz.

Basta atentar nos trâmites do processo de *execução para entrega de coisa certa*, para de pronto se concluir que ele não é mais expedito do que a velha *acção de despejo* e até lhe acrescenta um articulado à tramitação: a *resposta do exequente*.

O *executado* é citado para, em 20 dias, se opor à execução (art. 928 CPC) e deduzir quaisquer fundamentos que seria lícito deduzir no *processo de declaração* (arts. 929 e 816 CPC).

O *exequente* terá então outros 20 dias para contestar, seguindo-se sem mais articulados os termos do *processo de declaração* (art. 817-2 CPC).

Além disso, não se aproveitou o ensejo para introduzir no sistema o recurso a *tribunais arbitrais*.

- Também no tocante à alteração da terminologia (*revogação, denúncia* e *oposição à renovação*), que bebeu na frustrada *Reforma de 2004*, não cremos que se tenha seguido o melhor caminho, pois:
  a) Com as várias décadas de vigência que já leva o CC, parece evidente que podia considerar-se inteiramente consolidada a nomenclatura existente;
  b) Tais questões – de pura convenção – requerem estabilidade, não se vendo qualquer vantagem em se estar, a cada passo, a mudar os nomes aos conceitos legais;
  c) Em suma, a modificação agora operada vai ter de conviver no seio do CC, e será fonte de perturbação, com a terminologia anterior, que subsiste, pelo menos, nos arts. 265-2, 448, 461-1, 845, 989 e ss., 1170 e ss., 1621, 2002-B, 2311 e ss. CC.

Na própria Lei n.º 6/2006, o legislador foi ainda obrigado a usar, porventura uma última vez, o termo *denúncia* na acepção a que chama agora de *oposição à renovação* (cf. arts. 26 e 28 da Lei).

- Não terá ainda trilhado o melhor caminho com a inovação, igualmente bebida na *Reforma de 2004*, de estabelecer a *comunicabilidade* do direito de arrendamento, "*nos termos gerais e de acordo com o regime de bens vigente*" (novo art. 1068 CC).

Para se ter ideia segura disso bastará confrontar este princípio com o disposto nos novos arts. 1105 e 1106 CC.

Onde é que se compatibiliza a *comunicabilidade* com a declaração de:

a) *Transmissão* ou de *concentração* a favor de um deles, do art. 1105-1?
b) *Não caducidade do contrato, se sobreviver cônjuge ao arrendatário*, do n.º 1 do art. 1106?
c) E com a afirmação de *transmissão* do n.º 2 do art. 1106?

Mau grado estes, para mim, pecadilhos, ainda estou em considerar positivo o balanço deste sector da *Reforma* – deste sector da *Reforma*, repito.

5.2.2. Breve análise crítica da disciplina estabelecida pelo NRAU para os arrendamentos urbanos vinculísticos

Relativamente ao outro termo da aludida *summa divisio* – os *arrendamentos vinculísticos* – já me vejo forçado a dizer precisamente o contrário, isto é, que me parece tal balanço fortemente negativo.

Aqui e em minha modesta opinião, o legislador foi imobilista e timorato, abandonando a extirpação do *vinculismo*, como costuma dizer-se, *à lei da morte*: com o NRAU, ele *só acabará quando morrer o último arrendatário vinculístico*.

Sob este aspecto, se a opção era remeter a extinção do *vinculismo* para semelhante ocorrência, nem sequer se abreviou, no *arrendamento para habitação* – como seria de esperar – a cascata de devoluções legais arrendatícias que se sucedem à *morte* do *primitivo arrendatário*.

Pelo contrário, para os *arrendamentos antigos*, previu-se especificamente, no art. 57 da Lei n.º 6/2006, que, como anteriormente, o *arrendamento* deste tipo legal não caduca por morte do *arrendatário*, quando lhe sobreviva:

a) Cônjuge com residência no locado;

b) Pessoa que com ele vivesse em união de facto, com residência no locado;
c) Ascendente que com ele convivesse há mais de 1 ano;
d) Filho ou enteado com menos de 1 ano de idade ou que com ele convivesse há mais de 1 ano e seja "menor de idade" ou, tendo idade inferior a vinte e seis anos, frequente o 11.º ou 12.º ano de escolaridade ou estabelecimento ensino médio ou superior;
e) Filho ou enteado "maior de idade"[1], que com ele convivesse há mais de 1 ano, portador de deficiência com grau comprovado de incapacidade superior a 60%.

Estes casos constituem uma *ordem de transmissão* do *direito de arrendatário*, preferindo – naturalmente em relação às alíneas onde possa situar-se mais de uma pessoa "em igualdade de condições" – sucessivamente, "o ascendente, filho ou enteado mais velho" (art. 57-2).

Quando ao *arrendatário* sobreviva mais de um *ascendente*, "há transmissão por morte entre eles" (art. 57-3).

Por fim, segundo se dispõe no n.º 4 deste art. 57, "a transmissão a favor dos filhos ou enteados do primitivo arrendatário, nos termos dos números anteriores, verifica-se ainda por morte daquele a quem tenha sido transmitido o direito ao arrendamento nos termos das alíneas a), b) e c) do número 1 ou nos termos do número anterior".

Como se vê, o regime de *transmissão por morte do arrendatário*, nos antigos *arrendamentos para habitação*, sofreu alterações significativas, relativamente àquele a que se encontravam sujeitos anteriormente ao NRAU.

Assim, na linha de transmissão, o *ascendente sobe um grau na escala*, trocando a sua posição com o *descendente*, o qual sucedia, até então, imediatamente ao *cônjuge do primitivo arrendatário* (não separado judicialmente de pessoas e bens ou de facto).

Mais. Havendo dois *ascendentes* que sobrevivam ao *primitivo arrendatário*, (*primitivo arrendatário* é aquele que dá origem à cascata de devoluções) o decesso de um destes abre agora sucessão ao supérstite, e só com a morte dele se passa ao *filho* ou *enteado* – do *primitivo arrendatário*, entenda-se.

A transmissão num máximo de dois graus, que era tradicional entre nós, ao longo de todo o *vinculismo*, passou assim, em Direito transitório, a agravar-se em mais um ou dois graus, consoante haja um ou dois *ascendentes* que

---

[1] O novo artigo utiliza as expressões "menor de idade" e "maior de idade", da linguagem vulgar, sem atender à terminologia que se adoptava no CC até aqui, usando sempre os simples termos *menor* e *maior*, com a função de substantivo ou a de adjectivo, consoante o contexto.

sobrevivam ao *primitivo arrendatário*: *cônjuge* (1.º grau); *ascendente mais velho* (2.º grau); *ascendente supérstite* (3.º grau); *filho* ou *enteado do primitivo arrendatário* (4.º grau).

Apenas quanto aos *arrendamentos não habitacionais* se opôs realmente um ténue freio à sua perduração tradicional.

Para estes *arrendamentos*, quando *sem duração limitada* e sejam anteriores à entrada em vigor da Lei n.º 6/2006, estabelece-se um regime transitório, no art. 58 desta Lei, nos termos seguintes.

A regra tradicional da sua *sucessibilidade hereditária* cessa, para eles, se o decesso ocorrer em 28 de Junho de 2006, ou depois disso – mas este princípio de não sucessibilidade tem uma pronta excepção: a de existir um seu *sucessor* que, "há mais de três anos, explore em comum, com o arrendatário primitivo, estabelecimento a funcionar no local" (art. 58-1 da Lei).

O texto não prima pela clareza, mas parece querer significar, num primeiro aspecto, o seguinte: a *cessação do arrendamento* não ocorrerá, se houver um *sucessor*, isto é um *herdeiro do arrendatário* que com ele explore *em comum* o *estabelecimento*, há mais de três anos.

Só, pois, quem tenha a qualidade de *herdeiro* e cumulativamente explore o *estabelecimento, em comum, há mais de três anos*, ingressará no *direito de arrendamento* do espaço arrendado; não assim, qualquer parente que não seja seu *herdeiro*.

A doutrina tem estranhado, por vezes, esta exigência, que é nova em relação à lei anterior, e não se requer, no art. 1113-1 CC, para os novos *arrendamentos*[2].

Pensamos que, com esta disposição, se teve em vista o louvável propósito, que já se manifestara no art. 26-6 da Lei n.º 6/2006, de restringir a sucessão nos *arrendamentos não habitacionais*, mitigando de alguma forma a vetustez em que a maior parte deles caíram.

Propriamente quanto à *exploração em comum*, não se trata de uma posição derivada de anterior *locação do estabelecimento*, que até era possível sem *autorização do senhorio*, mas de *colaboração* ou *participação* na actividade a que está afectado o *estabelecimento*, não envolvendo a titularidade dele[3].

---

[2] Luís Manuel Teles de Menezes Leitão, *Arrendamento Urbano*, 3.ª ed., Almedina, Coimbra, 2007, p. 134.

[3] Maria Olinda Garcia parece envolver neste caso a *contitularidade do estabelecimento* (*Arrendamentos para comércio*, Coimbra Editora, 2006, p. 74), mas importa atentar em que, quem seja *contitular do estabelecimento*, já será *co-arrendatário*.

Um colaborador, com *mais de três anos*, que não detenha a qualidade de *herdeiro*[4] e um *herdeiro* que não tenha *colaboração* no *estabelecimento*, isto é, não participe efectivamente com o *arrendatário* na *exploração do estabelecimento*, não poderá aceder ao *direito de arrendamento* que, nestes casos, terminará com a *morte do arrendatário*[5].

Deve dizer-se que *semelhante transmissão só se dá em um grau*.

Neste ponto, o preceito é muito claro, quando expressamente alude à transmissão do *primitivo arrendatário*, e não prevê nenhuma sucessão ulterior.

Outro aspecto merece ponderação.

É o de saber se este regime transitório também se aplica ao *arrendamento não habitacional para exercício de profissão liberal*.

A dúvida suscita-se porque, muito embora o art. 58 da Lei, na respectiva epígrafe, aluda aos *arrendamentos não habitacionais*, em geral, depois, na descrição da hipótese legal, reporta-se estritamente ao "estabelecimento a funcionar no local", sugerindo assim a restrição do comando aos *arrendamentos comerciais ou industriais*, e que deixaria de fora, portanto, aqueles que não lidam com um *estabelecimento comercial ou industrial*.

Pela minha parte, não vejo razão plausível para excluir deste regime legal os restantes *arrendamentos não habitacionais*, nem essa seria a lição do Direito comparado.

Na nossa tradição legislativa, a situação era comum ao *escritório, consultório oficina* ou *sala de trabalho* de um *arrendamento para exercício de profissão liberal*, onde continuasse a praticar-se a mesma profissão.

Creio que deverá entender-se o texto actual neste amplo sentido.

Na verdade, a epígrafe do art. 58 da Lei reporta-se expressamente, sem mais, aos *arrendamentos não habitacionais*.

Além disso, o n.º 1 do artigo começa por estabelecer, genericamente, o seguinte princípio: "*O arrendamento para fins não habitacionais termina com a morte do arrendatário*".

---

[4] Não basta, pois, ser *familiar*. Contra, segundo parece, mas simplesmente de passagem, MANTEIGAS MARTINS/A. RAPOSO SUBTIL/LUÍS FILIPE CARVALHO, *O novo regime do arrendamento urbano* (*Vida Económica*, 2006, p. 72).

[5] Já se tem pretendido estender a *sucessão por morte*, nestes contratos, a todos os que retirem *vantagens* do estabelecimento e, portanto, ao próprio *cônjuge*, mesmo quando ele não o explore efectivamente (FERNANDO GRAVATO MORAIS, *Novo Regime do Arrendamento Comercial*, Almedina, 2006, p. 52) – mas, salvo melhor opinião, a tese em presença será abertamente contrária à lei.

Parece, pois, que *todos os arrendamentos não habitacionais* (e, portanto, quer sejam *comerciais ou industriais*, quer sejam *para exercício de profissão liberal* ou para *outro fim não habitacional*), anteriores ao RAU ou ao Decreto-Lei n.º 257/95, *terminam com a morte do arrendatário*.

Não repugnará, todavia, estender-lhes a ressalva da segunda parte do preceito, e admitir, assim, que não se verificará a cessação se, no espaço arrendado, mesmo não constituindo propriamente um *estabelecimento*, em sentido técnico, aí trabalhasse na mesma profissão e em comunhão ou associação com o *primitivo arrendatário*, há mais de três anos, um seu *sucessor*.

Restará analisar o *arrendamento não habitacional* prestado a *pessoas colectivas* que, geralmente, são constituídas *por tempo indeterminado* – e vêm perpetuando os seus *arrendamentos vinculísticos* indefinidamente.

Aqui, o NRAU marcou pontos.

Só a *extinção* da *pessoa colectiva* continua a fazer caducar os *arrendamentos antigos sem duração limitada*, como é de tradição – mas estabeleceu-se um princípio novo, extremamente salutar.

Ocorrido o *trespasse* de *estabelecimentos* sujeitos a *arrendamento vinculístico*, mas realizados após a entrada em vigor da Lei n.º 6/2006, poderá o *senhorio* comunicar imediatamente ao *trespassário* a *denúncia* do contrato, com uma antecedência não inferior a *cinco anos* (al. *c*) do art. 1101 CC, *ex vi* das disposições conjugadas dos n.ºs 6, al. *a*), e 4 do art. 26 da Lei n.º 6/2006).

É visível o intuito de liquidação do *vinculismo não habitacional* que preside a este louvável comando, que não se aplica aos *novos arrendamentos* (que desta providência, aliás, não carecem) mas corta pela raiz as, até aqui, frequentíssimas fraudes de "trespasses" que fundamentalmente se destinavam a negociar, não o *estabelecimento* criado pelo seu titular, mas as *rendas* envilecidas pelo *vinculismo*.

A nova lei associou no entanto a esta providência, na al. b) do seu art. 26-6, outra curiosa inovação: a de, sendo *arrendatária* uma *sociedade*, ocorrer transmissão *inter vivos* de *posição* ou *posições sociais* que alterem a respectiva titularidade em mais de 50% face à *situação existente aquando da sua entrada em vigor*.

O legislador viu nesta hipótese a *dissimulação de um trespasse*, e atribuiu-lhe a mesma consequência da hipótese anterior – mas, tal como se encontra formulada, suscita algumas dificuldades, principalmente tendo em vista certos casos que podem estar muito longe do presumido disfarce fraudulento, e serem até úteis à gestão societária.

Vejamos, muito sumariamente.

Antes de mais, a alínea parece contrariar os princípios.

Se a *sociedade* é uma *pessoa jurídica* distinta das pessoas dos seus *sócios*, a que título poderá uma transmissão de *participação social*, nos termos referidos, determinar a susceptibilidade de *denúncia do arrendamento* pelo *senhorio*?

Ela é que é a *arrendatária*, e não pode o *direito de arrendamento* de que é titular ser beliscado por se alterar a sua composição interna, designadamente nas recíprocas percentagens das *participações societárias*, ou mesmo haver entradas e saídas de *sócios*, ou de todos os *sócios* por entrada de outros – pois, apesar disso, manterá, segundo os princípios, a sua identidade.

Continuará a ser a mesma *sociedade*.

A explicação desta particularidade legal parece, se me não engano, a seguinte: a alínea estabelece uma *desconsideração da personalidade colectiva* – por entender que tal facto constituiria um aproveitamento da forma societária para se infringir o sistema.

Com efeito, sendo o *arrendatário* uma *sociedade*, facilmente poderia alterar a titularidade do *estabelecimento*, fugindo à consequência legal imposta na al. a), através de uma *cessão da participação societária* para o candidato à aquisição dele.

Não se transmitiria assim aquela *universalidade* ao seu pretendente, mas proporcionava-se a este uma posição societária através da qual o *estabelecimento* acabava por lhe ir parar às mãos.

Para que dúvidas não restassem e o caso não ficasse meramente relegado à perspicácia e flutuações da jurisprudência, a al. b) estabeleceu, pois – e bem – uma pronta *desconsideração da personalidade colectiva*.

Apurada a sua razão de ser, restará determinar a efectiva amplitude desta alínea.

Ela refere *sociedade*, sem mais, sem distinguir, portanto, de que tipo societário se trata.

Não deve, no entanto, ser fácil aplicá-la a *sociedades anónimas* de numerosos *accionistas* cuja composição flutua constantemente, muitas vezes, se a *sociedade* não é *aberta* e as *acções* são *ao portador*, sem apreciável visibilidade – nem se compreenderia bem incluir estas *sociedades* no âmbito da alínea.

As aquisições de *acções* não têm, na prática, o oculto objectivo de se chegar à titularidade dos respectivos *estabelecimentos* – e seria até estranho que, p.ex., com uma OPA a um banco, com centenas de balcões instalados em prédios arrendados, ou a uma seguradora nas mesmas condições, se aplicasse esta al. b), e ficassem todos eles atidos à *denúncia* dos respectivos *senhorios*.

Casos destes não estão, certamente, compreendidos na *facti species* legal.

O fundamento legal dirige-se, obviamente, às *sociedades de pessoas*, pois são estas que formam o caldo de cultura que justifica a providência decretada.

Assentemos pois em que não será ela aplicável às *anónimas*.

Quanto às outras *sociedades*, nenhuma dúvida poderá, decerto, levantar-se ainda, se bem me parece, acerca da não aplicação da alínea ao *aumento do capital* que mantém os mesmos *sócios*, e nem altera, dentro dos limites nela estabelecidos, as percentagens das respectivas titularidades das *participações sociais*.

É um caso que se não compreende, evidentemente, na hipótese legal.

Já me parece que poderá questionar-se a sua aplicabilidade quando o aumento for, p.ex., subscrito por apenas um *sócio* e em montante tal que suba a sua participação, depois de 27 de Junho de 2006, em mais de 50%.

Aqui, porém, claramente, não ocorre nenhuma *transmissão inter vivos*, mas tão-só um reforço da posição contratual antes existente.

Seria um patente exagero levar até aí a aplicação da alínea.

Continuo a não ver neste caso uma integração da *facti species* legal.

Imagine-se, todavia, em vez disso, um *aumento de capital social* subscrito por novo *sócio* que se torne, por este facto, maioritário.

Também agora não ocorre, notoriamente, uma *transmissão inter vivos*, como se exige na alínea, mas poderá, eventualmente, suspeitar-se de constituir um expediente destinado a iludi-la.

Importará, por isso, apurar se as circunstâncias de facto confirmam essa suspeição, pois bem pode ocorrer que se trate, antes, de uma simples *injecção de capital*, digna de tutela, inclusivamente por evitar uma possível *insolvência* ou simplesmente para aumentar a prosperidade societária.

Sobretudo, mantendo-se essencialmente os anteriores *sócios*, não parece haver razão para condenar fatalmente esta hipótese à cominação da al. b).

Mesmo surgindo um *sócio* novo, capitalista, que se torne com a sua participação em *sócio maioritário*, poderá não haver, ainda, motivo para a condenação de semelhante prática.

O problema suscitar-se-á unicamente se, a par disso, se exonerarem *sócios* antigos, até aí detentores de *participações* que se modifiquem em percentagem superior à prevista na alínea.

Então, o *aumento do capital social* poderá, na prática, encobrir uma efectiva *cessão entre vivos*.

Outro caso será também digno de nota: o de *transmissão forçada* da *quota* de um *sócio* em percentagem superior à prevista na alínea, provocada por credor seu.

A pretender-se aplicá-la a esta hipótese, desvalorizar-se-ia a garantia do credor.

A menos que se trate de um crédito cuja constituição esconda o propósito de alcançar a aquisição do *estabelecimento comercial* ou *industrial* iludindo um real *trespasse* que se pretenda afinal obter, não se vê motivo sério para fustigar a operação.

No mais, o que me parece, relativamente aos *arrendamentos vinculísticos* que vinham de trás é que esta *Reforma* deixa muito a desejar.

Ela fugiu, ideologicamente, à solução da *Reforma de 2004*, que estabelecia uma liquidação escalonada e prudente do *vinculismo*, e tinha levado alguns corifeus mais inflamados da *Reforma de 2006* a chamarem-lhe, desdenhosa mas injustamente, de *lei dos despejos*.

Não posso entrar em pormenores mas, em síntese, oferece-se-me ponderar o seguinte, em meu parecer.

- A opção de abandono total ao *vinculismo* dos contratos antigos nem terá sido o seu pior defeito.

Impunha-se, todavia, que se acompanhasse a *Reforma* de algumas providências mais instantes.

- Assim, tornava-se imperiosa a abolição do *vínculo de prorrogação forçada* – ou, ao menos, do *bloqueio de rendas* – relativamente a *fogos* que, pela sua *renda inicial* e pela sua *estrutura material*, possam ser considerados *sumptuários*, como há décadas foi já praticado nas principais legislações europeias – mas, pura e simplesmente, continuou a omitir-se entre nós, afagando uma injustiça clamorosa.

Quanto aos *arrendamentos antigos*, limitou-se a *Reforma de 2006* a tentar temperar a perpetuação vinculística com uma abertura à *actualização das rendas*.

Simplesmente, elegeu o pior caminho para este efeito, estabelecendo:

- Um processo caro e fastidioso, de *apuramento caso por caso*;
- Apoiado sobre o antigo método salazarista de *avaliação fiscal* (arts. 35 da Lei n.º 6/2006 e 37CIMI), onde:
  – A actualização depende da iniciativa do *senhorio* (art. 34-1 da Lei);

- Mas (art. 35 da Lei) só a poderá adoptar mediante:
  a) Prévia *avaliação* do *fogo* nos termos do CIMI;
  b) Determinação de um *nível de conservação* não inferior a 3.

- A *avaliação* faz-se mediante um acompanhamento orgânico pesadíssimo:
  - Quando não for dispensada, nos termos do art. 7.º do Decreto-Lei n.º 156/2006 (nível BOM ou EXCELENTE), a determinação do *nível de conservação* é obrigatoriamente requerida à CAM (art. 3.º-1 do mesmo diploma);
  - Cada CAM é volumosamente constituída, no respectivo município, por um mínimo de 8 membros, podendo chegar a 11, nos concelhos de mais de 100 mil habitantes (art. 4.º do DL n.º 161/2006);
  - O *nível de conservação* é determinado por um arquitecto ou engenheiro, sorteado na CAM de entre uma lista fornecida a cada CAM pelas ordens profissionais respectivas: 1 UC (arts. 3.º-2 do DL n.º 156/2006 e 20 do DL n.º 161/2006);
  - A CAM reúne sempre que julgue conveniente (art. 7.º do DL n.º 161/2006), tendo os membros não representantes do município ou das finanças direito a uma senha de presença no valor de 2% do valor base da remuneração do presidente da câmara (arts. 8.º-3 e 9.º-1 do DL n.º 161/2006).

- Consagra ainda a *Reforma* algumas soluções tão contestáveis como, por exemplo:
  - Atender, para uma actualização em *dez anos*, aos *sessenta e cinco anos* de idade do *arrendatário*, sem referência (imagine-se) ao RABC respectivo (art. 38-3 da Lei);
  - Admitir o faseamento da actualização em *dois anos*, relativamente ao *arrendatário* que – pasme-se – *não ocupa o local nem tem justificação para o não ocupar* (art. 45-1 da Lei);
  - Conceder, inconstitucionalmente, ao *arrendatário* de fogo de *nível de conservação* MAU ou PÉSSIMO o direito à sua aquisição, pelo valor da *avaliação* (al. c) do art. 48-4 da Lei) – entretanto mitigado pelo Decreto-Lei n.º 157/2006, de 8 de Agosto, ao prever como causa excludente desse direito do *arrendatário* a circunstância de não ter o *senhorio* feito as obras por motivo imputável à Administração Pública, "*nomeadamente por demora no licenciamento da obra ou na decisão sobre a atribuição de apoio à reabilitação do prédio*" (art. 35-3).

Em abono da afirmação da *inconstitucionalidade* desta providência, valerá a pena lembrar, se bem me parece, que proclama o art. 63 da Constituição:

"1. *A todos é garantido o direito à propriedade privada e à sua transmissão em vida ou por morte, nos termos da Constituição.*
2. *A requisição e a expropriação por utilidade pública só podem ser efectuadas com base na lei e mediante o pagamento de justa indemnização.*

Já foi, no entanto, ponderado que, para uma segura conclusão a tal respeito, convirá atender à comparação com diferentes regimes de Direito privado dos quais resulta, directa ou indirectamente, a perda de direitos – mormente o de *propriedade* – de um sujeito a favor de outro.

Nesta base, sustenta-se que, se for considerada *constitucional* a aquisição de *participações sociais* tendente à obtenção de *domínio total*, prevista no art. 490-3 CSC – e parece-me evidentemente que sim – "por maioria de razão, se deve entender que não deve ser considerada inconstitucional a alienação forçada de um imóvel que se encontra em estado de conservação qualificado de *mau* ou *péssimo*, com o fim de se proceder às obras necessárias à sua requalificação. Neste último caso, está em causa a segurança de todos os membros da sociedade, que podem sofrer um dano em virtude da degradação dos prédios carecidos de obras"[6].

Em meu entender, porém, será difícil de aceitar o argumento de *maioria de razão* no paralelo que se pretende estabelecer entre a perda de *participações societárias* em certos casos constantes de normas idênticas às dos restantes países[7] com a *expropriação* do *direito de propriedade* do *senhorio* que

---

[6] Pedro Romano Martinez/Ana Maria Taveira da Fonseca, *Da constitucionalidade da alienação forçada de imóveis arrendados por incumprimento, por parte do senhorio, do dever de realização de obras* (O DIREITO, 139.º-I [2007], pp. 45 e 84).

Apesar deste título conclusivo, os IIAA acabam por limitar significativamente, ou mesmo afastar, a tese da *constitucionalidade*, ponderando que, desde que a avaliação constante do CIMI não corresponda ao valor de mercado do bem (e nunca corresponde, acrescentamos nós), "pode questionar-se a justeza da solução" (*ob.cit.*, p. 85).

Não prescindem sequer de ponderar outros inconvenientes da solução legal, como o longo período de *reversão da propriedade* ao *senhorio* no caso de o *arrendatário* não cumprir o seu dever de restauro e a susceptibilidade de constituição judicial do prédio em *propriedade horizontal* em favor do *arrendatário*, que não existia para o *senhorio*.

[7] Como luminosamente o referiu já Menezes Cordeiro, a propósito do disposto no nosso art. 490-3 CSC: "Trata-se de uma exigência equilibrada e razoável, própria do Direito dos grupos de sociedades, com equivalente nos outros Direitos europeus e no próprio Direito comunitário", in *Aquisições tendentes ao domínio total: constitucionalidade e efectivação da consignação* (O DIREITO, 137.º [2005], III, p. 462).

se consagra na al. c) do art. 48-4 da Lei n.º 6/2006, sem paralelo no Direito comparado.

Uma *participação social*, mesmo quando entendida numa perspectiva de *direito subjectivo*, não é propriamente um *direito de propriedade*, cuja tutela constitucional directa se deva considerar compreendida no art. 62-1 CRP[8].

A *alienação forçada* para o *domínio total* faz-se, de resto, pelo seu *justo valor*, determinado através de regras próprias do mercado de valores mobiliários (art. 188 CVM, e com as garantias consignadas nos n.ºs 2 a 7 do art. 490 CSC), ao passo que a *venda forçada* pelo *senhorio* obedeceria a uma *avaliação administrativa* de mais que duvidosa justiça.

No fundo e se bem me parece, não pode deixar de ser tremendamente iníquo expropriar o *senhorio* do seu *imóvel*, depois de o ter largamente descapitalizado mediante o *vinculismo* quase secular que lhe vem sendo imposto, e quando a autarquia se recusou, ela própria, a realizar as obras em causa, cuja necessidade foi deixando engordar ao longo do tempo, por falta de uma fiscalização que tinha a obrigação de exercer em tempo útil.

E, por sobre tudo isto, em favor de um *arrendatário* que, estando abonado para realizar a compra, não devia, em boa e sã justiça, nem ter beneficiado do *favor vinculístico* nem, muito menos, de, à sua custa, se tornar proprietário.

- Culmina a *Reforma* estabelecendo *actualizações de rendas* de montantes que se antolham desencorajadores da iniciativa dos *senhorios*.

Basta referir isto, que é sintomático: independentemente do *valor fiscal do prédio* (que ainda não temos elementos para apurar com segurança que desvio ponderável terá sobre o *valor de mercado*), a *actualização* da *renda* de um *inquilino* cujo agregado familiar disponha de um RABC superior a 15 RMNA (ou sejam € 72.540,00, correspondentes a pouco mais de 14 500 contos anuais, em moeda antiga) está faseada em *dois anos* (art. 38-2, al. *a)*, L. n.º 6/2006) e, repare-se, o *limite máximo* de *actualização*, no 1.º ano, é de € 50 (cerca de 10 contos) – muito inferior ao que, no domínio do RAU, resultava para uma *renda condicionada*.

Fica-se sem se saber se o legislador chegou, realmente a fazer contas.

É que, quem tenha um *rendimento anual bruto corrigido* superior a 15 *remunerações mínimas nacionais anuais* atinge, em moeda antiga, um pouco mais de 14 500 contos anuais (€ 403,00x12x15=72.540,00), o que, como se sabe, ultrapassa o máximo dos vencimentos das mais altas carreiras públicas.

---

[8] Neste sentido: Tribunal Constitucional, Ac. n.º 491/2002, de 26 de Novembro.

É escandaloso que, nessas condições, o *arrendatário* ainda continue a beneficiar de qualquer *vinculismo*, à custa de um *senhorio* que, muitas vezes, tem modestos rendimentos.

Muito *per summa capita*, aqui deixo a *evolução e as novas perspectivas do arrendamento urbano* – como eu as vejo!

REGIME DE OBRAS E SUA REPERCUSSÃO NA RENDA E NA MANUTENÇÃO DO CONTRATO DE ARRENDAMENTO[1]

ASSUNÇÃO CRISTAS[*]

> Sumário: I. Introdução II. O dever e o direito de fazer obras: suas consequências (NRAU e regime transitório) III. O princípio do bom uso e da boa conservação do imóvel e o equilíbrio das prestações.

I. INTRODUÇÃO

Foi-me pedido para tratar do regime de obras e da sua repercussão na renda e na manutenção do contrato de arrendamento.

Sobre o trabalho, pensado para uma intervenção de meia hora, importa fazer uma observação preliminar. O tema pode ser abordado sob várias perspectivas, nomeadamente sob a do contrato de arrendamento (e aqui distinguir consoante as diferentes modalidades) e a das posições das partes perante as obras. Sendo o objectivo do seminário dar a conhecer o novo regime do arrendamento urbano e legislação conexa, centrando-se, portanto, numa lógica de conhecimento e explicação do direito e não de elaboração científica em torno do contrato de arrendamento, pareceu-me que a segunda perspectiva a esta finalidade era mais adequada.

As obras são, assim, o centro da exposição: o dever de fazer obras, o direito de fazer obras, a obrigação de suportar obras e seus efeitos jurídicos. Abordo primeiro o novo regime das obras e depois o regime aplicável transitoriamente, porque, embora seja objecto de uma exposição autónoma neste seminário tem particular relevância para a matéria. Dentro de cada uma destas divisões analisarei a posição do senhorio e a posição do arrendatário, fazendo

---

[1] O texto que agora se publica corresponde, com pequenas actualizações bibliográficas, à comunicação proferida no Seminário "A Nova Lei do Arrendamento Urbano", organizado pela Jurisnova, em Lisboa, nos dias 10 e 11 de Outubro de 2006.

[*] Professora da Faculdade de Direito da Universidade Nova de Lisboa.

referência às especificidades aplicáveis ao arrendamento para habitação, arrendamento comercial e arrendamento rural.

II. O dever e o direito de fazer obras: suas consequências

A. O novo regime do arrendamento urbano

As disposições que desenham o regime das obras estão relativamente dispersas na lei.

Na parte do código civil dedicada genericamente ao contrato de locação encontramos alguns artigos relevantes para enquadrar o problema das obras:

- o artigo 1031.º/b), que estabelece o dever de o locador assegurar o gozo da coisa para os fins a que se destina;
- o artigo 1036.º, que permite ao locatário realizar reparações ou outras obras de carácter urgente, haja ou não mora do locador;
- o artigo 1038.º/e), que obriga o locatário a tolerar as reparações urgentes e obras ordenadas por autoridade pública.

Interessam ainda as disposições previstas nas alíneas c) e d) do artigo 1038.º, que obrigam o locatário a não aplicar a coisa a fim diverso daqueles a que ela se destina e a não fazer uma utilização imprudente da coisa.

No novo regime do arrendamento urbano (NRAU) encontramos dois artigos particularmente dedicados às obras: o artigo 1974.º, de aplicação genérica, e o artigo 1111.º, aplicável a arrendamentos não habitacionais. Releva ainda, na esteira da legislação anterior (artigo 4.º do RAU), o artigo 1073.º, que permite ao arrendatário realizar pequenas deteriorações no prédio arrendado necessárias para assegurar o seu conforto ou comodidade, independentemente da sua qualificação como benfeitoria ou como verdadeira deterioração[2]. Será o caso, por exemplo, de o arrendatário abrir roços para instalação de aquecimento central ou de ar condicionado[3].

---

[2] No primeiro sentido, J. Pinto Furtado, *Manual de Arrendamento Urbano*, vol. II, 4.ª ed., Coimbra, Almedina, 2008, pp. 1088 e ss.. No segundo, L.Menezes Leitão, *Arrendamento Urbano*, 3.ª ed., Coimbra, Almedina, p. 64.

[3] J. Soares Machado e R. Santos Pereira, *Arrendamento Urbano. Novo Regime do Arrendamento Urbano Comentado e Anotado*, Livraria Petrony, Lisboa, s.d., mas 2006, pp. 88 e 89, referem o caso do ar condicionado apenas por referência ao arrendamento para comércio. Se aí o preenchimento do requisito legal é porventura mais evidente, não se vê, no entanto, qualquer razão para limitar o preceito a este tipo de arrendamento.

A lei dá ampla liberdade às partes no contrato para se acertarem relativamente ao regime das obras: é o contrato que define, em primeira linha, quem está obrigado a fazer obras e quem tem direito a fazer obras. No entanto, os artigos 1074.º e 1111.º introduzem regras supletivas segundo as quais é o senhorio quem está obrigado a realizar as obras de conservação do prédio requeridas por lei ou pelo fim do contrato.

No caso de arrendamento para fins não habitacionais, a lei prevê ainda, também supletivamente, que o arrendatário está autorizado a realizar as obras exigidas por lei ou as requeridas pelo fim do contrato[4].

Já o regime aplicável ao arrendamento para fins habitacionais é o regime geral do artigo 1074.º, que no seu n.º 2 apenas prevê a possibilidade de o arrendatário executar obras quando tal faculdade esteja prevista no contrato ou quando o senhorio o autorize por escrito.

A violação do dever de realizar obras tem consequências a três níveis que terão importância e incidências diferentes consoante a parte em falta seja o senhorio ou o arrendatário. Esses três níveis são: a renda; a manutenção do contrato, uma vez que a omissão do dever de realizar obras é fundamento de resolução do mesmo; a responsabilidade civil eventualmente associada à resolução.

Analisa-se de seguida a posição do senhorio e do arrendatário por referência aos seus deveres e consequências do respectivo incumprimento.

1. O senhorio

1.1. Dever de fazer obras

A situação jurídica que melhor caracteriza a posição do senhorio nesta matéria é o dever de fazer obras. Este dever é mesmo um dos mais importantes dentro do novo regime do arrendamento urbano.

O artigo 1074.º determina que "cabe ao senhorio efectuar todas as obras de conservação, ordinárias ou extraordinárias[5], requeridas pelas leis vigentes ou pelo fim do contrato, salvo estipulação em contrário".

---

[4] Note-se que as duas situações são colocadas em alternativa, basta que as obras sejam requeridas pelo fim do contrato para que o arrendatário esteja supletivamente autorizado a executá-las. Em sentido aparentemente diferente, M. Grave, *Novo Regime do Arrendamento Urbano. Anotações e Comentários*, 3.ª ed., ed. autor, 2006, Lisboa, p. 115.

[5] Enquanto o RAU distinguia entre obras de conservação ordinárias, extraordinárias e de beneficiação, o NRAU apenas considera as primeiras duas categorias. Na verdade, a inovação não é grande, uma vez que o RAU já fazia corresponder o mesmo regime às obras de conservação extraordinária e de beneficiação, inutilizando, na prática, a distinção. É sintomática a

Esta disposição traduz uma mudança de paradigma: enquanto que no regime do arrendamento urbano apenas as obras de conservação ordinária estavam claramente a cargo do senhorio, no novo regime o senhorio é responsável por fazer a generalidade das obras no imóvel arrendado.

Esta regra é o desenvolvimento de um princípio, mais vasto, em sede de locação, segundo o qual o locador proporciona o gozo da coisa ao locatário para os fins a que esta se destina. O fim do contrato configura juridicamente a obrigação do locatário: o gozo proporcionado da coisa locada deve ser conforme aos fins a que a coisa se destina. Isto significa que se a coisa é, por exemplo, imóvel destinado a habitação e o arrendatário celebra contrato com vista a habitar o dito imóvel, então o locatário, senhorio, garante que o imóvel está em condições próprias para habitação durante todo o tempo de duração do contrato. Se as condições do imóvel se deteriorarem, sem que tal seja imputável a actuação anormal do locatário, é ao senhorio que compete fazer as obras necessárias à sua conservação de modo a manter a adequação da coisa ao fim a que contratualmente está destinada[6].

Esta obrigação de fazer obras a cargo do senhorio é, no entanto, supletiva: a lei admite estipulação contratual em sentido diverso[7]. Como já acontecia em certa medida no regime anterior, é possível que o contrato de arrendamento preveja a possibilidade de o inquilino fazer todas ou parte das obras.

Caso tal aconteça, pode colocar-se a questão de saber se serão aplicáveis as disposições dos números 3, 4 e 5 do artigo 1074.º, que dizem respeito à possibilidade de o arrendatário compensar o crédito das despesas das obras com

---

correspondência feita por vários autores de leis anotadas. Por exemplo, J. A. França Pitão, *Novo Regime do Arrendamento Urbano*, 2.ª ed., Coimbra, Almedina, 2007, p. 259, ou Manteigas Martins, A. Raposo Subtil e L. F. Carvalho, *O Novo Regime do Arrendamento Urbano Anotado*, Lisboa, Vida Económica, 2006, p. 107.

[6] O princípio da pontualidade no cumprimento dos contratos (ou da conformidade, designação decorrente, por transposição de directiva comunitária, do Decreto-Lei 67/2003, de 8 de Abril, que me parece mais adequada) tem aqui total expressão. O fim (aqui num sentido muito amplo), enquanto elemento de qualificação do objecto contratual, é de acolher em sede de contrato de arrendamento como na generalidade dos contratos. Veja-se C. Ferreira de Almeida, *Contratos II*, Coimbra, Almedina, 2007, pp. 81 a 83.

[7] O que leva Menezes Leitão, *Arrendamento Urbano*, Coimbra, 2006, p. 45, a recear que os contratos de arrendamento, sobretudo quando celebrados com recurso a cláusulas contratuais gerais, venham a prever tal cláusula, derrogando uma das principais obrigações do senhorio. É, no entanto, muito duvidoso que uma cláusula genérica que atribua ao arrendatário a obrigação de fazer qualquer tipo de obras sem uma contrapartida, nomeadamente na redução da renda por certo período, venha a passar o crivo da boa fé exigida pela lei das cláusulas contratuais gerais. Tal cláusula introduziria, possivelmente, um desequilíbrio de tal forma grave que poderia colocar em causa a própria configuração funcional do contrato.

a obrigação de pagar a renda e à compensação, no final do contrato, pelas obras licitamente feitas nos termos aplicáveis às benfeitorias realizadas pelo possuidor de boa fé. A resposta depende da configuração da posição jurídica do arrendatário enquanto titular de um direito a fazer as obras ou de um dever de fazer as obras. A este ponto voltarei um pouco abaixo.

1.2. *O direito de fazer obras*

Se é verdade que o senhorio tem o dever de fazer obras, não é menos verdade que este dever é simultaneamente um direito.

Desde logo, o n.º 2 do artigo 1074.º determina que o arrendatário "apenas pode executar quaisquer obras quando o contrato o faculte ou quando seja autorizado, por escrito, pelo senhorio" o que aponta com clareza para uma zona de intervenção exclusiva do senhorio. Além disso, no artigo 1038.º/e) prevê-se, *a contrario sensu*, a faculdade do senhorio de realizar obras urgentes.

Depois, a lei prevê casos em que o senhorio deve fazer obras, mas em que esse dever corresponde, na verdade a um poder-dever: são os casos de obras de remodelação e restauro profundo e os casos de demolição. Note-se que, de acordo com o regime antigo, o senhorio encontrava-se frequentemente na situação delicada de estar financeiramente impossibilitado de fazer obras, tanto mais que não conseguia, dentro do quadro legal existente, garantir um adequado retorno do seu investimento.

Nestas situações o dever de fazer obras do senhorio reveste também a roupagem activa do direito de fazer obras e, entretanto, suspender o contrato de arrendamento ou mesmo de denunciar o contrato, nos termos do Decreto-Lei n.º 157/2006, de 8 de Agosto (a que chamarei abreviadamente RJOPA – Regime Jurídico das Obras em Prédios Arrendados).

De acordo com este diploma, as obras de remodelação e restauro profundos, caracterizadas por obrigarem, para a sua realização, uma desocupação do locado, permitem que o senhorio suspenda o contrato pelo período de decurso das obras e mesmo, em certos casos, que o denuncie. A denúncia é excepcional: será apenas possível se as obras, cumulativamente, forem caracterizadas como estruturais, ou seja, se originarem uma distribuição de fogos sem correspondência com a distribuição anterior (art. 4.º/2 do RJOPA), e não se preveja, após a obra, a existência de local com características equivalentes às do locado. Por características equivalentes deve entender-se sensivelmente a mesma dimensão e a mesma tipologia[8].

---

[8] Já o RAU previa como limite ao direito de reocupação do locado a idêntica tipologia do prédio. Veja-se, nomeadamente, L. Gonçalves da Silva, *Cessação do Contrato de Arrendamento*

O senhorio pode ainda denunciar o contrato de arrendamento se pretender demolir o imóvel. Em qualquer dos casos de denúncia, por regra, o senhorio fica obrigado ou a pagar todas as despesas e danos, patrimoniais e não patrimoniais, suportados pelo arrendatário ou a garantir o realojamento do arrendatário por um período não inferior a cinco anos no mesmo concelho e em condições análogas às que detinha no que respeita ao imóvel e ao valor da renda e encargos (art. 6.º/1 e 3)[9]. A opção por uma ou outra via é feita nos termos do acordo das partes. Se as partes não chegarem a acordo aplica-se a via indemnizatória.

Note-se que a indemnização a calcular deve compreender o valor das benfeitorias realizadas pelo arrendatário bem como dos investimentos efectuados em função do locado (art. 6.º/4) e corresponde no mínimo a dois anos de renda (art. 6.º/1/a) *in fine*). Caberá à jurisprudência concretizar o que se entende por "investimentos efectuados em função do locado" e estabelecer limites justos para a indemnização, sob pena de dificilmente ser possível a demolição e a consequente renovação urbana, comprometendo um objectivo importante da lei.

No caso de o município, ouvida a comissão municipal, concluir que a demolição é necessária por força da degradação do prédio, incompatível tecnicamente com a sua reabilitação e geradora de risco para os respectivos ocupantes, então não se aplicará a solução da indemnização ou do realojamento. Neste caso a lei manda desaplicar o disposto no artigo 6.º e nada refere quanto a deveres do senhorio para com o arrendatário.

Não é totalmente claro se o disposto no n.º 2 do artigo 8.º, que determina a obrigatoriedade de a petição inicial da acção proposta com vista à denúncia do contrato ser acompanhada de comprovativo de aprovação pelo município de projecto de arquitectura relativo à obra a realizar, é aplicável apenas aos casos de denúncia para remodelação ou restauro profundos ou também de demolição. A admitir-se que sim, então, a demolição pressuporia a obrigatoriedade de nova construção. Apesar de todo o sentido do diploma ser o de obrigar à feitura de obras, seja pelo senhorio, seja, em caso de impossibilidade deste, pelo município, não parece que a demolição esteja condicionada pela reconstrução[10]. Além disso, a decisão de fazer obras

---

para Aumento da Capacidade do Prédio, Estudos em Homenagem ao Prof. Doutor Inocêncio Galvão Telles, vol. III, Direito do Arrendamento, 537, p. 565.

[9] Sobre estes requisitos, veja-se F. Gravato Morais, pp. 124 e ss., *Arrendamento para Habitação. Regime Transitório*, Coimbra, Almedina, 2007, pp. 124 e ss..

[10] F. A. Cunha de Sá e L. Coutinho, *Arrendamento 2006: Nova Lei e Diplomas de Aplicação Anotados*, 2.ª ed., Coimbra, Almedina, 2007, p. 220, lembram que as leis urbanísticas não impõem ao proprietário do edifício em ruínas o dever de recuperar ou de reabilitar.

estará sempre subordinada à própria actuação do município em sede de licenciamento.

Em qualquer dos casos deverá manter-se a lógica do realojamento, pelo que a exclusão da aplicação do disposto no artigo 6.º a estas situações deve entender-se restritivamente: apenas será desaplicável a previsão de indemnização, devendo no entanto o senhorio proceder ao realojamento pelo período de 5 anos[11]. No caso de este não ter, comprovadamente, possibilidade de o fazer, então deverá tal encargo recair sobre o município. Outra solução levará a que o senhorio fique com um terreno totalmente livre e pronto para nova construção sem qualquer obrigação perante o arrendatário.

Ao contrário do regime comum da denúncia[12], a denúncia do contrato para remodelação ou restauro profundos ou demolição é feita judicialmente. Já a suspensão do contrato é feita extrajudicialmente mediante a comunicação pelo senhorio ao arrendatário, que, no entanto, pode não aceitar as condições propostas (caso em que o senhorio suscitará a intervenção da comissão municipal) ou denunciar o contrato.

2. O arrendatário

As situações jurídicas activas e passivas do senhorio correspondem a correspectivas situações passivas e activas do arrendatário e vice-versa. Referem-se de seguida essas situações.

2.1. O direito a exigir obras

Supletivamente, como se referiu, é ao senhorio que compete realizar obras, sendo o arrendatário titular do direito de exigir que o senhorio faça as obras necessárias à manutenção do imóvel adequado ao fim do contrato. Tal direito resulta, como referido, não só dos artigos 1074.º e 1111.º, mas também do preceito mais genérico do artigo 1031.º/b).

Caso o senhorio não faça as obras necessárias a manter o imóvel adequado à finalidade, então incumpre uma obrigação contratual e o arrendatário poderá resolver o contrato nos termos gerais (art. 1083.º/1). De acordo com as regras gerais sobre incumprimento do contrato, será possível cumular uma indemnização pelos danos causados. A grande vantagem em relação à mera

---

[11] Embora o artigo 8.º pareça ser de aplicação genérica, ou seja, aplicável quer a obras profundas quer a demolições, o n.º 3 do artigo 8.º parece ser incompatível com o n.º 2 do artigo 7.º.

[12] Veja-se P. Romano Martinez, *Da Cessação do Contrato*, 2.ª ed., Coimbra, Almedina, 2006, pp. 231 e ss..

denúncia por parte do arrendatário consiste precisamente na possibilidade de, neste caso, o arrendatário poder invocar responsabilidade contratual para ressarcir eventuais danos sofridos.

2.2. O dever de tolerar reparações urgentes e obras coercivas

Nos termos da alínea e) do artigo 1038.º, o locatário tem o dever de tolerar reparações urgentes, bem como de suportar quaisquer obras ordenadas por autoridade pública. Reparações urgentes serão as absolutamente necessárias para garantir o gozo adequado da coisa locada, que não se compadecem com as delongas de um processo judicial[13], nomeadamente as que se afigurem indispensáveis para assegurar naquele momento as condições de segurança e salubridade do prédio, por ex., rebentamento de canalização ou fuga de gás[14].

2.3. O dever de não realizar obras

Não existe regra legal que proíba expressamente o arrendatário de realizar obras no prédio arrendado. No entanto esse dever retira-se de um conjunto de preceitos.

Desde logo, do artigo 1074.º, que, supletivamente, atribui a exclusividade da execução de obras ao senhorio.

Depois, do artigo 1043.º/1, que, também supletivamente, estabelece a obrigação de o locatário manter e restituir a coisa no estado em que a recebeu, ressalvadas as deteriorações inerentes a uma prudente utilização, em conformidade com os fins do contrato.

Por fim, do artigo 1046.º/1, que, exceptuando as obras feitas em casos de reparações urgentes ou de mora do locador quanto à obrigação de realizar obras, equipara o locatário ao possuidor de má fé quanto a benfeitorias feitas na coisa locada[15].

O regime do arrendamento urbano previa expressamente como causa de resolução do contrato de arrendamento pelo senhorio a execução de obras no imóvel pelo arrendatário que alterassem substancialmente a sua estrutura

---

[13] J. Pinto Furtado, *Manual de Arrendamento Urbano*, vol. I, 4.ª ed., Coimbra, Almedina, 2007, p. 547.

[14] Pode encontrar-se uma enumeração, que permanece actual, em A. Neto, *Leis do Inquilinato*, 6.ª ed., Lisboa, Livraria Petrony, 1988, pp. 40 e 41, nota 5.

[15] Este preceito só aparentemente entra em contradição com o artigo 1074.º/5, uma vez que aquele diz respeito a benfeitorias realizadas licitamente, enquanto o artigo 1046.º/1 estabelece, implicitamente, um contraponto entre benfeitorias lícitas e ilícitas. As lícitas serão as previstas no artigo 1036.º e o locatário tem direito ao reembolso. Quanto às ilícitas, aplica-se o regime das benfeitorias realizadas pelo possuidor de má fé.

externa ou a disposição interna das suas divisões (art. 64.º/d) do RAU). Ressalvavam-se apenas deteriorações consideradas lícitas por serem pequenas e necessárias para assegurar o conforto ou comodidade do arrendatário.

O novo regime, no entanto, não contém previsão expressa nesse sentido, antes dispondo apenas genericamente, no n.º 2 do artigo 1083.º, que é fundamento de resolução o incumprimento que, pela sua gravidade ou consequências, torne inexigível à outra parte a manutenção do arrendamento. De seguida prevê algumas situações exemplificativas em que o senhorio poderá requerer a resolução do contrato. Mantém-se, no entanto, o preceito relativo às deteriorações lícitas.

Se é admissível a validade da regra anterior face ao actual regime[16], também é sustentável que se alargou consideravelmente o fundamento de resolução do contrato[17]. Na verdade, tirando os casos de deteriorações lícitas, as obras não autorizadas deverão ser entendidas como incumprimento grave do contrato de arrendamento por parte do arrendatário. Contudo, não é de excluir que, no caso concreto, a importância da obra seja consideravelmente reduzida e que a resolução do contrato possa representar um abuso de direito por parte do senhorio.

2.4. O direito de realizar obras

Por fim, o arrendatário tem o direito a realizar obras quando:

– tal conste do contrato de arrendamento ou;
– tenha sido autorizado, por escrito, pelo senhorio (art. 1074.º/1);
– quando a obra seja urgente ou;
– o senhorio esteja em mora quanto à obrigação de executar certa obra e a sua urgência não permita esperar pela decisão judicial (art. 1036.º).

Nestes dois últimos casos determina o artigo 1036.º que o locatário tem direito ao reembolso das despesas feitas, devendo no entanto avisar o locador de que irá executar a obra[18].

---

[16] P. Romano Martinez, *Da Cessação do Contrato*, cit., p. 349, a cuja posição, implicitamente, adere F. Gravato Morais, *Novo Regime do Arrendamento Comercial*, Coimbra, Almedina, 2006, p. 118.

[17] L. Menezes Leitão, *Arrendamento Urbano*, cit., p. 103.

[18] Embora no n.º 2 do artigo 1036.º, que estabelece a obrigação de informar o locador como condição para o reembolso das despesas com a obra só se referir ao caso de reparações e despesas urgentes, não se vê razão para desaplicar o mesmo critério no caso, previsto no n.º 1, de mora do locador.

2.5. *O direito de realizar obras exigidas por lei ou requeridas pelo fim do contrato*

No caso de arrendamento para fins não habitacionais, o artigo 1111.º determina supletivamente que o arrendatário está autorizado a realizar as obras exigidas por lei ou as requeridas pelo fim do contrato. Tal não obsta a que recaia sobre o senhorio o dever de executar as obras de conservação.

Sumariando, a posição de senhorio e arrendatário podem ser descritas nos termos do seguinte quadro:

Senhorio	Arrendatário	Consequência jurídica da violação do dever
Dever (supletivo) de fazer obras (arts. 1074.º/1; 1111.º; 2.º RJOPA)	Direito à manutenção da coisa adequada ao fim do contrato/direito a exigir obras	Resolução pelo arrendatário (art. 1083.º)
Direito a fazer obras/ direito à demolição (arts.1101.º/b), 4.º e ss. RJOPA)	Dever de suportar as obras/demolição	Possibilidade de suspensão ou denúncia do contrato pelo senhorio; em caso de suspensão, cfr. art. 10.º/7 RJOPA
Direito a fazer reparações urgentes/ poder-dever de realizar obras ordenadas por autoridade pública	Dever de tolerar reparações urgentes/ dever de tolerar reparações ordenadas por autoridade pública (art.1038.º/e)	Resolução pelo senhorio (art. 108g3.º/3 e 1084.º/4); Resolução pelo arrendatário (art. 1083.º/1)
Direito a exigir que o arrendatário não faça obras de maneira a não alterar o prédio (excepto deteriorações lícitas – art.1073.º)	Dever de não fazer obras (arts. 1073.º *a contrario sensu*; 1043.º/1 e 1046.º/1)	Resolução pelo senhorio (art. 1083.º/2, embora não previsto expressamente); indemnização (ou não) pelas benfeitorias realizadas (arts. 1273.º a 1275.º)
Dever de suportar obras	Direito a realizar obras (art. 1074.º/2); direito a realizar obras urgentes haja ou não mora do senhorio (art. 1036.º/1 e 2)	Resolução pelo arrendatário (art. 1083º/1) nos termos gerais
Direito a exigir obras/ Dever de suportar obras	Dever de realizar obras quando previsto no contrato (art.1074.º/2)	Resolução pelo senhorio ou arrendatário consoante a parte em falta (art.1083.º/1), os termos gerais
Dever de suportar obras	Direito de realizar obras exigidas por lei ou requeridas pelo fim do contrato (1111.º/2 – supletivo)	Resolução pelo arrendatário (art. 1083º/1) nos termos gerais

3. *O município*

Importa ainda, em sede de novo regime do arrendamento urbano, referir a execução de obras coercivas pelos municípios.

O Decreto-Lei n.º 555/99, de 16 de Dezembro, prevê que o município possa realizar obras coercivas necessárias à correcção de más condições de segurança e de salubridade (art. 90.º). Nesses casos, o município pode proceder ao despejo administrativo e ocupar o imóvel até ao período de um ano após a conclusão das obras.

O processo de realização das obras prevê a elaboração de um orçamento que será apresentado ao senhorio e fixará o valor máximo pelo qual ele será responsável. O município tem ainda de assegurar o realojamento do arrendatário em condições análogas às que tinha, devendo o arrendatário reocupar o imóvel no prazo de três meses sobre o fim da obra, sob pena de caducidade do contrato de arrendamento. O município compensará o montante gasto até ao limite do orçamento através do recebimento das rendas, podendo no entanto o senhorio levantar depósitos no valor correspondente a 50% da renda (art. 18.º do DL 157/2006).

B. O regime especial transitório

O RJOPA prevê na sua secção III um regime especial transitório aplicável aos contratos de arrendamento para habitação celebrados antes da entrada em vigor do RAU e aos contratos de arrendamento para fins não habitacionais celebrados antes da entrada em vigor do Decreto-Lei n.º 257/95, de 30 de Setembro.

Isto significa que aos contratos celebrados depois da entrada em vigor destes diplomas, mas antes da entrada em vigor do NRAU e RPOJA, se aplica o regime já descrito, uma vez que não há particularidades previstas no regime transitório ao regime das obras.

O regime transitório, aplicável aos contratos de arrendamento celebrados antes do RAU ou do Decreto-Lei n.º 257/95, de 30 de Setembro, é particularmente importante porque será aplicável às situações mais graves: degradação dos imóveis a par de uma total desadequação do valor das rendas.

Neste regime transitório não reveste particular interesse para o tema o regime do contrato de arrendamento para fins não habitacionais, porquanto não existe uma correlação entre a feitura de obras de conservação e a actualização de renda e, além disso, o regime dos contratos de arrendamento para fins habitacionais aplica-se com as necessárias adaptações (art. 50.º NRAU). Já o regime dos contratos de arrendamento para fins habitacionais contém diversas disposições muito relevantes para este tema.

Não me alongarei muito neste regime transitório, uma vez que há uma exposição particularmente dedicada ao regime transitório em geral e dentro deste a parte das obras e da actualização das rendas correspondem aos aspectos mais importantes.

Salientarei, no entanto, dois ou três aspectos.

Em primeiro lugar, a solução prevista na lei para os contratos de arrendamento para fins habitacionais parte de uma lógica de correspectividade entre o estado do prédio arrendado e a possibilidade de actualizar o valor da renda. O senhorio que pretenda actualizar o valor da renda terá primeiro de garantir que o prédio se encontra, pelo menos, num estado considerado médio de conservação (correspondente ao nível 3 de acordo com os artigos 35.º e 33.º do NRAU[19]). Tal representa um claro afloramento do princípio do equilíbrio contratual: se as obras são, pelo menos supletivamente, obrigação do senhorio, esta obrigação encontra o correspectivo na possibilidade de actualizar o valor da renda nos casos em que tal se afigura particularmente necessário.

Acresce que se o arrendatário tiver realizado obras de conservação esse facto tem importância para efeito de actualização da renda. O n.º 4 do artigo 33.º prevê que, sem prejuízo do nível de conservação atribuído ao prédio, o coeficiente de conservação a aplicar seja o imediatamente inferior, no caso de o arrendatário fazer prova de que o estado do prédio se deve a obras por si realizadas. Prevê-se ainda que o senhorio possa contrapor ter efectuado obras de conservação, circunstância em que, de acordo com a justiça do caso concreto, pode ser aplicado coeficiente intermédio.

Em segundo lugar, prevê-se que as obras ou demolição sejam da iniciativa do senhorio, do município ou do arrendatário, traduzindo-se esta última possibilidade numa clara inovação.

Em terceiro lugar, prevê-se a possibilidade de o arrendatário adquirir o locado com vista à feitura de obras, em substituição do senhorio e do município.

Frise-se ainda que em caso de cessação do contrato de arrendamento o arrendatário tem direito a compensação pelas obras licitamente feitas nos termos aplicáveis às benfeitorias realizadas pelo possuidor de boa fé (art. 29.º NRAU). A lei confere carácter injuntivo a esta disposição.

1. *Iniciativa do senhorio*

Caso a iniciativa pertença ao senhorio, competirá ao arrendatário prestar a colaboração necessária à avaliação feita nos termos do Código do Imposto Municipal sobre Imóveis. No caso de essa avaliação já ter sido feita, então

---

[19] O valor máximo de actualização corresponde a 4% do valor anual do locado (art. 31.º NRAU), sendo que o valor do locado é o produto do valor da avaliação realizado nos termos do artigo 38.º do Código do Imposto Municipal sobre Imóveis, realizado há menos de três anos, multiplicado pelo coeficiente de conservação (art. 32.º NRAU). O coeficiente de conservação varia, nos termos do artigo 33.º, de acordo com o estado de conservação do prédio, que será classificado numa escala de 1 a 5, correspondendo 1 a péssimo e 5 a excelente.

importará seguir o procedimento previsto no artigo 33.º com vista à classificação do prédio entre excelente (nível 5) e péssimo (nível 1). No caso de contratos de arrendamento para fim não habitacional, a renda pode ser actualizada independentemente do nível de conservação. Já no caso de contratos de arrendamento para habitação, se a classificação corresponder a nível médio (3) ou superior, o senhorio informa o arrendatário da intenção de modificar a renda e os termos em que se deverá processar, nos termos dos artigos 34.º e seguintes. Caso seja atribuído nível 1 ou 2, o senhorio terá de fazer obras para depois poder obter melhor classificação e consequentemente poder actualizar a renda.

2. Iniciativa do arrendatário

Mas imagine-se que o senhorio não quer ou não pode fazer as obras necessárias, ainda que isso implique a impossibilidade de proceder à actualização da renda, ou mesmo que nem toma a iniciativa de obter a classificação do locado. Então, a lei prevê a hipótese de o arrendatário solicitar que a comissão arbitral municipal promova a determinação do coeficiente de conservação do locado (art. 48.º).

No caso referido de ao imóvel ser atribuído nível abaixo de 3, o arrendatário pode intimar o senhorio a realizar as obras, o que se traduz num verdadeiro direito subjectivo do arrendatário.

Se o senhorio não realizar as obras necessárias, o arrendatário poderá optar por uma de duas vias: realizar ele próprio as obras de maneira a atingir um nível médio de conservação, caso em que dará disso conhecimento ao senhorio e à comissão municipal arbitral e em que poderá efectuar compensação com o valor das rendas (art. 33.º do RJOPA)[20]; ou solicitar à câmara municipal a realização de obras coercivas. Neste último caso, o arrendatário ainda poderá vir a fazer as obras se o senhorio, instado pelo município para as executar, não o fizer dentro do prazo estabelecido.

A al. c) do n.º 4 do artigo 48.º do NRAU prevê ainda outra possibilidade: a de o arrendatário comprar o locado com o objectivo de o reabilitar. Não se trata, contudo, de uma alternativa às anteriores, como pode resultar de uma primeira leitura da lei. Na verdade, o n.º 6 do mesmo artigo remete para

---

[20] Note-se que o valor das obras para efeito de compensação corresponde às despesas efectuadas e orçamentadas e respectivos juros, acrescidos de 5% destinados a despesas de administração. O valor da renda a ter em conta corresponde a um nível médio de conservação e a um faseamento de cinco anos nos termos dos artigos 31.º a 33.º do NRAU.

diploma próprio (o RJOPA), que estabelece requisitos apertados, porquanto se trata de uma inovação grande e gravosa para o senhorio[21].

Assim, a lei exige o preenchimento dos requisitos seguintes:

- atribuição de nível de conservação mau ou péssimo;
- inacção pelo período de 6 meses ou recusa do senhorio em fazer obras quando para tal tenha sido intimado;
- inacção do município pelo prazo de 6 meses após o arrendatário ter solicitado a realização de obras coercivas.

O legislador acautelou ainda a hipótese de o senhorio ou o município iniciarem obras que depois venham a suspender, prevendo o prazo de 90 dias para que as obras sejam retomadas, sob pena de o arrendatário poder iniciar o processo de aquisição (art. 35.º/2). O arrendatário terá então direito, nos três anos subsequentes, a propor acção judicial destinada à aquisição do imóvel. A lei prevê que a aquisição possa ocorrer em relação a outras fracções ou mesmo em relação a todo o prédio no caso de as obras necessárias para obter um nível médio de conservação incidirem sobre outras fracções ou sobre partes comuns e no caso de não estar constituída propriedade horizontal[22].

A aquisição ocorre através de sentença judicial nesse sentido. Trata-se de uma aquisição onerada pela obrigação de reabilitação e de manutenção do imóvel em estado de conservação médio ou superior durante os 20 anos subsequentes, sob pena de o anterior proprietário ter o direito a readquirir o prédio pelo mesmo preço. Também esta reaquisição ocorre no âmbito de um processo judicial.

Tratando-se de um ónus, naturalmente a lei prevê que o registo predial reflita essa oneração, obrigando à sua menção na respectiva inscrição. A oneração mantém-se pelo prazo de 20 anos, pelo que se ocorrer entretanto uma transmissão, o novo titular adquire o direito onerado.

---

[21] E não isenta de dúvidas quanto à sua conformação com a Constituição. Pronunciando-se pela inconstitucionalidade (embora nalguns casos ainda a propósito de anteprojectos), veja-se, A. Menezes Cordeiro, *O Novo Regime do Arrendamento Urbano*, O Direito 137.º (2005) II, 317, p. 323, F. de Castro Fraga e C. Gouveia de Carvalho, *As Normas Transitórias*, O Direito 137.º (2005) II, 307, p. 433, implicitamente, J. Pinto Furtado, *Manual...*I, cit., p. 502. Recentemente, no sentido inverso, P. Romano Martinez e A. M. Taveira da Fonseca, *Da Constitucionalidade da Alienação Forçada de Imóveis Arrendados*, O Direito 139.º (2007), I, 35.

[22] Neste caso o arrendatário pode pedir a constituição da propriedade horizontal na mesma acção judicial, solicitando a aquisição apenas da fracção correspondente ao locado ou de também das fracções necessárias à realização da obra. Os outros arrendatários serão réus no processo judicial e podem optar por adquirir as fracções que correspondam aos seus locados, tendo o ónus de participar nas obras necessárias.

3. Iniciativa do município

Por iniciativa própria ou a pedido do arrendatário (art. 48.º/4/b) do NRAU), o município pode realizar obras com o objectivo de obter um nível de conservação compatível com a actualização da renda, ou seja, com um nível médio de conservação (art. 28.º RJOPA). Por remissão genérica do n.º 2 do artigo 23.º, o regime de recebimento das rendas por parte do município é também aqui aplicável.

III. O PRINCÍPIO DO BOM USO E DA BOA CONSERVAÇÃO DO IMÓVEL E O EQUILÍBRIO DAS PRESTAÇÕES

As obras são a pedra de toque na manutenção do equilíbrio das prestações no novo regime do arrendamento urbano.

Se tal preocupação já era (e é) visível no que toca a direitos de indemnização por obras lícitas e por benfeitorias, embora neste caso equiparando o locatário a possuidor de má fé, o NRAU, como se explicou, vem introduzir uma simetria entre as obras e a prestação devida pela contraparte. Se as obras forem feitas pelo arrendatário, porque assim foi estipulado no contrato, então naturalmente que a renda acordada já terá em conta essa circunstância. Se forem efectuadas pelo arrendatário, porque o locatário está em mora e não for possível esperar as delongas de um processo judicial ou simplesmente porque a urgência não consente qualquer dilação (art. 1036.º), o arrendatário pode compensar o crédito pelas despesas da obra com a obrigação de pagamento da renda. Às obras licitamente feitas é aplicado o regime das benfeitorias realizadas por possuidor de boa fé (art. 1074.º/5). Apenas às obras ilícitas continua a ser aplicável o artigo 1046.º do Código Civil, que remete para o regime das benfeitorias realizadas pelo possuidor de má fé.

Note-se que poderá vir a acontecer que os contratos modelo utilizados venham a prever que o arrendatário fica encarregado de realizar as obras no imóvel sem que tal resulte num ajustamento da renda. Como princípio fundamental, é de acolher que as partes tenham ampla liberdade para estabelecer o regime das obras e antecipadamente ou mesmo *a posteriori* ajustar a renda ou a compensação devida pelas obras. No entanto, não é de excluir a possível necessidade de acautelar o arrendatário enquanto parte porventura menos informada no contrato de arrendamento[23]. Esta protecção poderá ser

---

[23] É possível que exista alguma assimetria informativa em desfavor do arrendatário particularmente nos casos em que este é um consumidor e o arrendamento é feito através de um

particularmente relevante nos casos de contratos de adesão (aos quais se aplicará a lei das cláusulas contratuais gerais). É certo que no regime transitório já se prevê a possibilidade de, para efeitos de actualização da renda, aplicar um coeficiente de conservação inferior no caso de o arrendatário demonstrar que o estado de conservação se deve a obras por si realizadas. Não se prevê, no entanto, no novo regime, preceito paralelo.

Como meio de garantir a transparência e informação na contratação, deve entender-se que o acordo quanto à responsabilidade do arrendatário pela execução de obras não afasta por si só a responsabilidade do senhorio pelo pagamento das obras e a possibilidade de o arrendatário compensar o crédito pela despesa com a obrigação de pagamento da renda. Para que tal aconteça será necessário declaração expressa das partes nesse sentido ou a demonstração de que o valor da renda é particularmente baixo como contrapartida da obrigação do arrendatário de executar e suportar o valor da obra. Naquelas situações, improváveis, mas possíveis (e com campo vasto de relevância no caso de omissão do contrato), em que o arrendatário tenha a obrigação de fazer as obras, mas não de suportar o seu custo, o arrendatário poderá exigir apenas o montante correspondente às obras necessárias para manter um nível médio de conservação. Exigir acima disso não é admissível, por corresponder a inobservância do dever de boa fé no cumprimento das obrigações, genericamente aplicável (art. 762.º/2).

Para além deste aspecto, a execução ou não das obras passa a ter, a meu ver, uma relação directa com a manutenção do contrato de arrendamento e com o valor da renda[24]. Referiu-se como a não execução das obras é causa de resolução e, diria, de aplicação do correspondente regime de responsabilidade contratual. Mas, caso as partes não pretendam pôr termo ao contrato, e se as obras não forem feitas nem pelo senhorio nem pelo arrendatário em sua substituição (porque não quer ou não pode), então tal terá um impacto negativo no estado de conservação do prédio o que terá influência na renda.

Apesar de a lei apenas se referir ao estado de conservação dos prédios para efeito de actualização de rendas antigas, deve entender-se que o princípio da conformidade exige um nível de conservação pelo menos médio, mas por-

---

profissional de mediação imobiliária. Isto em nada é prejudicado pela constatação de que a consideração do arrendatário como "parte fraca" no contrato e o vinculismo a tal associado levaram à supressão do mercado do arrendamento, com consequências profundamente negativas. Veja-se, por exemplo, A. Menezes Cordeiro, *O Novo Regime*…, cit., pp. 319 e 320.

[24] Aprofundando decisivamente um caminho que já tinha sido iniciado pelo próprio RAU. Exemplificativamente, veja-se, A. Pais de Sousa, *Obras no Locado e sua Repercussão nas Rendas*, Estudos em Homenagem ao Prof. Doutor Inocêncio Galvão Telles, vol. III, Direito do Arrendamento, Coimbra, Almedina, 2002, 159, pp. 172 e ss..

ventura superior, de acordo com o constante do contrato. De outro modo, não fará sentido onerar o senhorio com o dever de fazer obras de forma a poder actualizar a renda para depois poder desacautelar o estado de conservação do prédio, seguro de que continuará a gozar da actualização prevista no artigo 24.º do NRAU. Embora este preceito atenda apenas à variação do índice de preços no consumidor, o princípio geral da conformidade da prestação com o contrato, conjugado com um princípio, específico do arrendamento, de conservação mínima, ou seja, média[25], do prédio introduzem uma maior exigência na possibilidade de actualizar a renda. É perfeitamente admissível que, em face de um incumprimento parcial por parte do senhorio, porque obrigado a fazer as obras de conservação não as realiza, o arrendatário venha impedir o aumento da renda ou até exigir a redução da mesma até que o bom estado do prédio seja reposto. A redução da contraprestação, aflorada no artigo 802.º do Código Civil e assumida no n.º 1 do artigo 4.º do Decreto-Lei 67/2003, de 8 de Abril (compra e venda de bens de consumo), enquanto remédio para o incumprimento parcial ou defeituoso, tem aqui pleno campo de aplicação[26].

Assim, o senhorio terá todo o interesse em manter o prédio em bom estado de conservação e os objectivos da nova lei não se esvairão com o decorrer do tempo. Por esta via estará razoavelmente garantido o princípio do equilíbrio contratual: um prédio em bom estado, com obras de conservação regulares permitirá uma actualização consentânea da renda e, ao invés, um prédio degradado não legitimará o aumento de renda. Seria bom que a lei clarificasse este aspecto. Na falta de preceito explícito, a solução não deverá deixar de ser encontrada com base quer nas regras gerais do cumprimento das obrigações quer na teleologia da recente reforma.

O NRAU assumiu expressamente como objectivo a reabilitação urbana e, por isso, relacionou intimamente obras, renda e resolução do contrato. Importará no futuro fazer a avaliação do impacto deste regime, para o qual a metodologia da análise económica do direito muito poderá contribuir[27].

---

[25] Referindo-se, precisamente, ao nível de conservação médio como "nível (mínimo) de conservação", F. Gravato Morais, *Arrendamento para Habitação*…, cit., p. 84.

[26] Em situações inversas, mas que não deixam de ser inspiradoras, a jurisprudência vem invocando um princípio de proporcionalidade para desobrigar o senhorio de fazer obras dispendiosas contrastantes com a exiguidade das rendas recebidas. Veja-se, com indicações de vários arestos, Pinto Furtado, *Manual do Arrendamento Urbano I*, cit., p. 504, nota 440, defendendo a aplicação da ideia de proporcionalidade ao dever de conservação do senhorio, particularmente nos casos de arrendamentos vinculísticos (p. 505).

[27] Não em particular sobre esta lei, mas em sede de teoria geral sobre os modelos de arrendamento, veja-se, entre nós, F. Araújo, *O Problema Económico do Controle das Rendas*, Estudos em Homenagem ao Prof. Doutor Inocêncio Galvão Telles, vol. III, Direito do Arrendamento, Coimbra, Almedina, 2002, 176, nomeadamente o elenco dos efeitos da desregulamentação (pp. 230 e ss.).

A Cessação da Relação de Arrendamento Urbano no NRAU*

Rui Pinto Duarte**

1. Introdução: Propósito da Intervenção

O propósito da minha intervenção é fazer o panorama do regime substantivo da cessação da relação de arrendamento urbano consagrado no chamado Novo Regime do Arrendamento Urbano ("NRAU"), aprovado pela Lei 6/2006, de 27 de Fevereiro, com destaque para as novidades por ele trazidas.

Sublinho que se trata de um *panorama*, pois o tempo atribuído à intervenção e a escassez do meu estudo não permitem o aprofundamento da matéria.

Como é natural, pressuporei o conhecimento de alguns aspectos da reforma levada a cabo pela Lei 6/2006, nomeadamente dos seguintes:

- A devolução ao Código Civil (CC) das principais regras sobre arrendamento de prédios urbanos;
- A organização sistemática da nova secção do CC relativa ao arrendamento de prédios urbanos;
- A criação da figura dos arrendamentos de duração indeterminada (arts. 1099 a 1107 e 1110 do CC, na nova redacção);
- A existência de regras de direito transitório, nomeadamente sobre a actualização das rendas dos contratos habitacionais celebrados antes da vigência do RAU e dos contratos não habitacionais celebrados antes do Dec.-Lei 257/95, de 30 de Setembro (arts. 26 a 65 da Lei 6/2006).

Para completar esta introdução, há ainda a dizer que:

- O fio condutor da intervenção será composto pelas causas de cessação;

---

* Reconstituição da intervenção feita no dia 10 de Outubro de 2006, com algumas notas suplementares.

** Professor da Faculdade de Direito da Universidade Nova de Lisboa.

– O método será o da exposição tão sistemática quanto possível das novas regras, em contraste com as substituídas e, por vezes, com as anteriores a estas[1];
– Serão tidas em conta (quase) somente questões de direito substantivo, ficando as questões processuais marginalizadas;
– O regime transitório será tratado separadamente, a seguir à exposição do novo regime "permanente".

2. Enunciação das Causas de Cessação

2.1. Notas sobre terminologia

O novo art. 1079 do Código Civil (adiante "CC") enuncia como "formas de cessação" do arrendamento urbano o acordo das partes, a resolução, a caducidade, a denúncia e refere que a lei pode prever outras. Salvo pormenores de redacção, o preceito é igual ao art. 50 do Regime do Arrendamento Urbano (adiante "RAU"), aprovado pelo Dec.-Lei 321-B/90, de 15 de Outubro e modificado por vários diplomas, que até aqui vigorava.

A enunciação feita no art. 1079[2] merece alguns comentários.

O primeiro tem a ver com o dela não constar a "oposição à renovação", que o CC autonomiza nos arts. 1097 e 1098 (e, para a locação em geral, no art. 1055).

Como é sabido, tradicionalmente, a doutrina portuguesa engloba no conceito de "denúncia do contrato" quer os actos que põem termo a relações contratuais de duração indeterminada quer os actos que põem termo a relações contratuais de duração determinada, mas automaticamente renováveis salvo declaração de alguma parte em contrário. Como é também sabido, alguns autores recentes restringem o conceito de denúncia aos actos do primeiro tipo, formando com os do segundo tipo a categoria "oposição à renovação"[3].

Nas disposições especiais sobre arrendamento para habitação, ao regular os contratos com prazo certo, o CC, na redacção da Lei 6/2006, adere à corrente que autonomiza o conceito da oposição à renovação – seja nas epígra-

---

[1] Tendo como limite as da versão primitiva do Código Civil de 1966, salvo no tocante ao "despejo para obras", caso em que se recuará à Lei 2088, de 3 de Junho de 1957.

[2] Doravante, os artigos referidos sem indicação do diploma a que pertencem serão do CC.

[3] Para uma síntese das posições doutrinárias, v. Pedro Romano Martínez, *Da Cessação do Contrato*, Coimbra, Almedina, 2005, pp. 59 e ss., mormente p. 61.

fes dos arts. 1097 e 1098, seja nos textos dos mesmos artigos, bem como no do n.º 2 do art. 1096.

Poder-se-á perguntar por que tal autonomização não aparece reflectida no art. 1079. A resposta que parece salvaguardar a coerência do sistema é a de que a oposição à renovação determina a caducidade do contrato...

Uma segunda nota terminológica tem por objecto a qualificação como denúncia do acto pelo qual o arrendatário pode pôr fim ao arrendamento nos termos dos arts. 1098, n.º 2, e 1100 (sendo o primeiro caso o de, num arrendamento para habitação com prazo certo, o arrendatário ter o direito de, passados seis meses do seu início, lhe pôr fim, antes do decurso do prazo contratado, mediante declaração feita com a antecedência mínima de 120 dias relativamente à data em que pretenda a cessação, e o segundo caso o de, num arrendamento para habitação de duração indeterminada, o arrendatário ter o direito de lhe pôr fim, a qualquer momento, também mediante declaração feita com a antecedência mínima de 120 dias relativamente à data em que pretenda a cessação).

O RAU atribuía direito semelhante[4] aos arrendatários em contratos de duração limitada, mas chamava "revogação" ao acto pelo qual o mesmo era exercida (art. 100, n.º 4).

A terceira nota terminológica destina-se a frisar que, na redacção que a Lei 6/2006 lhe deu, o capítulo do CC dedicado à locação usa a palavra "resolução" para designar (apenas) declarações unilaterais que põem fim a relações contratuais com fundamento em incumprimento pela contraparte (arts. 1083 e ss.). Nada há aqui de novo, pois já assim era quer no RAU (art. 63, n.º 1) quer na redacção primitiva do CC (art. 1093). Sempre é de lembrar, porém, que, ao tratar da resolução do contrato em geral, o CC utiliza um conceito mais amplo, que não implica que o fundamento da resolução seja o incumprimento[5].

2.2. Enunciação

À luz das notas feitas, apresentamos a nossa própria enunciação das causas de cessação do arrendamento no regime resultante da Lei 6/2006, assim constituída:

– acordo das partes;

---

[4] A diferença está em que o prazo de antecedência mínima era mais curto: 90 dias.

[5] Para outras observações sobre a terminologia adoptada no art. 1079, v. Inocêncio Galvão Telles, *Novo Regime de Arrendamento Urbano*, **in** O Direito ano 138, 2006, IV, p. 677 (devendo essas observações ser lidas à luz do que o Autor escreve no seu *Manual dos Contratos em Geral* – 4.ª ed., Coimbra, Coimbra Editora, 2002, pp. 380 e ss.).

– oposição à renovação (de contratos por prazo certo, automaticamente renováveis);
– denúncia (abrangendo o que era "revogação" no art. 100, n.º 4, do RAU);
– resolução (com base em incumprimento);
– caducidade.

3. Aspectos Gerais da Cessação

Vamos abordar primeiro alguns aspectos comuns do regime da cessação do arrendamento urbano, para depois atentarmos no regime específico de cada causa da cessação.

3.1. Nota geral

Uma só nota de índole geral sobre os efeitos da cessação: são variáveis... Adiante veremos quais são esses efeitos, em cada um dos casos considerados.

3.2. A acção de despejo e a acção para entrega da coisa arrendada

Tradicionalmente, chamava-se "acção de despejo" quer à acção pela qual o senhorio exercia o direito de resolução do contrato, quer à acção pela qual o senhorio exigia a entrega do bem locado com fundamento na caducidade do arrendamento (cfr. arts. 971 e 970 do Código do Processo Civil, na redacção do Dec.-Lei 44.129, de 28 de Dezembro de 1961).

O RAU criou alguma incerteza sobre a aplicação da "acção de despejo" aos casos de exigência pelo senhorio da entrega do bem locado com fundamento na caducidade do arrendamento, pois o n.º 2 do seu art. 55 não era claro.

A Lei 6/2006 restringe a acção de despejo aos casos em que a lei impõe o recurso à via judicial para promover a cessação do arrendamento (art. 14, n.º 1) e cria um novo meio processual destinado a assegurar a entrega da coisa arrendada – regulado nos novos arts. 930-A a 930-E do Código do Processo Civil (adiante "CPC").

Esse novo meio processual pode ser designado pelas palavras que servem de epígrafe ao referido novo art. 930-A do CPC – execução para entrega de coisa imóvel arrendada – ou, como faz Maria Olinda Garcia, uma sigla formada a partir delas: EPECIA[6].

3.3. Tempo de entrega do local arrendado

É tradicional que, nalgumas das hipóteses de cessação do arrendamento, o arrendatário não tenha a obrigação de entregar imediatamente a coisa arrendada, ou seja, beneficie de um certo prazo para fazer essa entrega.

Na redacção da Lei 6/2006, o CC contém vários preceitos sobre o assunto.

Seguindo a ordem dos preceitos, o primeiro relevante na matéria é o art. 1053, aplicável à locação em geral, não apenas ao arrendamento urbano. Regula-se aí o momento da entrega do imóvel arrendado em caso de caducidade do arrendamento, estabelecendo-se que, salvo quando a caducidade resulte do decurso do prazo do arrendamento, a restituição do prédio só pode ser exigida passados seis meses sobre a verificação do facto que determina a caducidade ou, sendo o arrendamento rural, no fim do ano agrícola em curso à data da extinção do arrendamento (art. 1053).

O segundo preceito relevante na matéria é o art. 1081, n.º 1, que contém uma regra de vocação geral, no âmbito do arrendamento urbano. Segundo ela, salvo disposição legal ou acordo em contrário, a cessação do contrato de arrendamento urbano torna imediatamente exigível a "desocupação do local e a sua entrega".

O terceiro preceito é o art. 1087 CC, que contém um desvio à regra anterior. Segundo ele, em caso de o arrendamento urbano terminar por força de resolução, a "desocupação" (e entrega) do locado só é exigível no final do terceiro mês seguinte à resolução – sem prejuízo de convenção em contrário ou de que a sentença que declare a resolução fixe outro prazo.

3.4. A obrigação do arrendatário de colocar escritos

Estabelece o art. 1081, n.º 2, que "com antecedência não superior a três meses sobre a obrigação de desocupação do local, o senhorio pode exigir ao arrendatário a colocação de escritos, quando correspondam aos usos da terra". O preceito é semelhante ao art. 54, n.º 2, do RAU[7], precisando o prazo durante o qual a colocação de escritos é exigível.

---

[6] V. Maria Olinda Garcia, *A Acção Executiva para Entrega de Imóvel Arrendado*, Coimbra, Coimbra Editora, 2006, pp. 11 e ss.

[7] O qual, por sua vez, era semelhante ao art. 964, n.º 2, do CPC.

3.5. A obrigação do arrendatário de mostrar o local

Outro efeito da cessação do arrendamento urbano é gerar para o arrendatário, "durante os três meses anteriores à desocupação", a obrigação de mostrar o local a quem o pretender tomar de arrendamento, "em horário acordado com o senhorio" (art. 1081, n.º 3). Mais uma vez, o preceito é semelhante a um do RAU (o art. 54, n.º 3), com a precisão do prazo durante o qual a obrigação é exigível.

Chama a atenção que, enquanto o n.º 2 do art. 1081 usa as palavras "com antecedência não superior a três meses sobre a obrigação de desocupação do local", o n.º 3 do mesmo artigo usa as palavras "durante os três meses anteriores à desocupação". Não cremos que a diferença seja de relevar. Em ambos os casos o legislador terá pretendido significar "durante os últimos três meses de vigência do arrendamento".

Há ainda a mencionar que o art. 1081, n.º 4, mantém o horário que o RAU (art. 54, n.º 4) estabelecia para a execução da obrigação em causa, na falta de acordo entre senhorio e arrendatário (nos dias úteis, das 17 horas e 30 minutos às 19 horas e 30 minutos e, aos sábados e domingos, das 15 horas às 19 horas).

3.6. Comunicabilidade do direito do arrendatário

Tradicionalmente, a lei portuguesa declarava que, fosse qual fosse o regime matrimonial, a posição do arrendatário não se comunicava ao seu cônjuge. Assim dispunha o art. 83 do RAU e, antes dele, o art. 1110, n.º 1.

Neste campo, a Lei 6/2006 inova, pois o art. 1068 estabelece agora que "o direito do arrendatário comunica-se ao seu cônjuge, nos termos gerais e de acordo com o regime de bens vigente"[8].

A inovação, porém, é menor do que pode aparentar à primeira vista, pois;

– O art. 1682-B já estabelecia que muitos (todos?) actos relativos à cessação do arrendamento da casa de morada de família dependiam do consentimento de ambos os cônjuges, independentemente do regime de bens;

---

[8] Escrevendo sobre a proposta de lei que veio a dar origem à Lei 6/2006, António Menezes Cordeiro sustentou que "a comunicabilidade só faz sentido no arrendamento habitacional" e sugeriu que o preceito em causa fosse "recolocado no local próprio" (*O Novo Regime do Arrendamento Urbano*, *in* O Direito ano 137, 2005, II, p. 334). Parece-nos, porém, que, de um ponto de vista sistémico, nada obsta à comunicabilidade da posição de arrendatário comercial.

– O art. 1682-A, n.º 1, já estabelecia que, salvo se entre os cônjuges vigorasse o regime da separação de bens, a alienação, a oneração e a locação de estabelecimento comercial dependia do consentimento de ambos – o que tinha óbvias consequências sobre a legitimidade do cônjuge arrendatário do local em que o estabelecimento comercial estivesse instalado para praticar alguns actos relativos ao respectivo arrendamento.

A este propósito, há ainda que fazer mais três observações.

A primeira para sublinhar que a comunicabilidade do arrendamento tem repercussões relevantes no regime da caducidade do arrendamento, designadamente do arrendamento para habitação – como veremos adiante.

A segunda para notar que a Lei 6/2006 alterou a alínea a) do art. 1682-B, intercalando nela, entre as referências à "resolução" e à "denúncia", a referência à "oposição à renovação" – de modo a assegurar consistência com a já notada autonomização desta figura.

A terceira para chamar a atenção para o art. 12 da Lei 6/2006 que determina que, sendo o local arrendado casa de morada de família:

– As comunicações do senhorio relativas à cessação do arrendamento, à actualização da renda e a obras devem ser dirigidas a cada um dos cônjuges (n.º 1);
– As comunicações que visem algum dos efeitos referidos no art. 1682-B devem ser feitas por ambos os cônjuges (n.º 3).

Como anunciado, vamos agora abandonar os plano dos aspectos comuns do regime de cessação do arrendamento urbano para passar a focar aspectos do regime próprio de cada causa da cessação.

4. O Acordo das Partes

O novo texto do capítulo do CC dedicado ao arrendamento urbano dedica apenas um artigo à cessação do arrendamento urbano por acordo das partes: o 1082, que é igual ao art. 62 do RAU.

O n.º 1 de tal artigo explicita algo que talvez não carecesse de ser explicitado: que as partes podem a todo o tempo revogar o contrato, mediante acordo a tanto dirigido.

Já o n.º 2 é claramente útil, pois dispõe sobre matéria que, no silêncio da lei, seria objecto de discussão: a forma da revogação. Resulta do texto que:

– Se o acordo for imediatamente executado e não contiver cláusulas compensatórias ou outras cláusulas acessórias, a sua forma é livre (podendo, pois, o acordo ser oral);
– Se o acordo não for imediatamente executado ou, mesmo que o seja, se contiver cláusulas compensatórias ou outras cláusulas acessórias, terá de ser celebrado por escrito.

5. A Oposição à Renovação

5.1. Notas gerais

Como resulta do que dissemos antes, a chamada oposição à renovação é figura própria dos contratos com prazo certo submetidos a renovação automática. No novo regime do arrendamento urbano, a figura tem um amplo campo de aplicação, pois todos os contratos com prazo certo por ele abrangidos se renovam automaticamente, excepto os celebrados para habitação não permanente ou para fim especial transitório – art. 1096, n.º 1.

Vale a pena sublinhar que a oposição à renovação tem natureza discricionária, isto é, não tem de ser fundamentada.

O regime da oposição à renovação do arrendamento urbano varia consoante o fim do arrendamento é a habitação ou outro e consoante a oposição é deduzida pelo arrendatário ou pelo senhorio. Vejamos as várias subhipóteses.

5.2. Arrendamento para Habitação

5.2.1. *Oposição do arrendatário*

Em primeiro lugar, foque-se a antecedência mínima: 120 dias, sobre a data do termo final do contrato (art. 1098, n.º 1). No entanto, a inobservância dessa antecedência mínima não obsta à cessação do contrato, tendo apenas o efeito de constituir o arrendatário na obrigação do pagamento ao senhorio de um valor igual ao das rendas correspondentes ao período de pré-aviso em falta (art. 1098, n.º 3).

Em segundo lugar, há que falar da forma (incluindo as formalidades) da declaração de oposição à renovação – que está submetida aos arts. 9.º a 12 da

Lei 6/2006, que estabelecem um regime pormenorizado[9] sobre as comunicações entre senhorios e arrendatários, no que ao arrendamento urbano respeita – ao qual, de resto, já nos referimos a propósito da comunicabilidade do arrendamento e das regras especiais aplicáveis quando o local arrendado constitui casa de morada de família.

Não cabe no objecto da nossa intervenção expor o regime em causa. Limitar-nos-emos a chamar a atenção para que, em geral, as comunicações entre as partes legalmente exigíveis relativas à cessação do arrendamento têm de ser feitas mediante escrito assinado pelo declarante, remetido ao declaratário por carta registada com aviso de recepção (art. 9.º, n.º 1), ou entregue em mão, desde que, neste caso, o declaratário aponha "em cópia a sua assinatura, com nota de recepção".

5.2.2. Oposição do senhorio

A antecedência mínima imposta ao senhorio para a declaração de oposição é mais larga que a imposta ao arrendatário: um ano (art. 1097). Por outro lado, nada dizendo a lei sobre a consequência da inobservância dessa antecedência mínima, parece que a mesma não é igual à prevista para a oposição tardia por parte do arrendatário. Dever-se-á, pois, considerar que a declaração de oposição à renovação pelo senhorio que não respeite a antecedência legal está submetida à regra do art. 294, sendo, pois, nula.

No tocante à forma, aplicam-se os referidos arts. 9.º a 12 da Lei 6/2006, que não prevêem para o caso qualquer desvio à regra geral que deixámos enunciada. A lei passou, pois, a ser menos exigente do que era, pois o RAU estabelecia que em tais casos a comunicação do senhorio tinha de ser feita mediante notificação judicial avulsa (art. 100, n.º 2).

5.3. Arrendamento para fins não habitacionais

O art. 1110, n.º 1, estabelece que "as regras relativas à duração, denúncia e oposição à renovação dos contratos de arrendamento para fins não habitacionais são livremente estabelecidas pelas partes, aplicando-se, na falta de estipulação, o disposto quanto ao arrendamento para habitação".

---

[9] Pormenorizado e desviado das regras sobre eficácia das declarações negociais constantes dos arts. 224 e ss. do CC, parecendo inspiradas no que é vulgar nos contratos de matriz anglo-americana.

Por outro lado, o n.º 2 do mesmo artigo estabelece que, na falta de estipulação de prazo, o contrato se considera celebrado pelo prazo de dez anos, não podendo o arrendatário denunciá-lo com antecedência inferior a um ano.

Para além de sublinharmos o amplo papel atribuído à autonomia privada, no que aos arrendamentos para fins não habitacionais respeita, não podemos deixar de notar que parece haver alguma incoerência entre não fixar quaisquer limites a essa autonomia e estabelecer como regime supletivo o do arrendamento para habitação, que é marcado pela protecção ao arrendatário. Das duas uma: ou a autonomia sem limites se justifica e o regime supletivo deveria ser menos protector do arrendatário ou se justifica que o regime supletivo seja o que é e então deveria haver limites à autonomia privada…

6. A Denúncia

Passemos à denúncia, separando também o arrendamento para habitação do arrendamento para fins não habitacionais e, dentro do primeiro, a denúncia pelo arrendatário da denúncia pelo senhorio.

6.1. Arrendamento para habitação

6.1.1. *Denúncia pelo arrendatário*

6.1.1.1. *Notas gerais*

Como resulta do que dissemos antes, no regime do arrendamento urbano, na versão resultante da Lei 6/2006, a denúncia abrange duas hipóteses:

– A declaração pela qual uma das partes põe fim discricionariamente a um contrato de duração indeterminada (arts. 1099 e 1100);
– A declaração pela qual o arrendatário põe fim discricionariamente a um contrato com prazo certo, antes do respectivo termo final (art. 1098, n.º 2).

Essas duas hipóteses têm em comum o carácter discricionário do acto, ou seja, a irrelevância dos seus motivos e fundamentos.

6.1.1.2. *Contratos de duração indeterminada*

No respeitante aos arrendamentos para habitação de duração indeterminada, a lei estabelece que o arrendatário pode denunciar o contrato mediante comunicação ao senhorio com antecedência não inferior a 120 dias sobre a data em que pretenda a cessação, produzindo essa denúncia efeitos no final de um mês do calendário gregoriano (art. 1100, n.º 1). No entanto, à semelhança do que sucede com a oposição à renovação, a inobservância dessa antecedência mínima não obsta à cessação do contrato, tendo apenas o efeito de constituir o arrendatário na obrigação de pagamento ao senhorio de um valor igual ao das rendas correspondente ao período de pré-aviso em falta (art. 1100, n.º 2).

No que respeita à forma da denúncia, é aplicável o disposto nos arts. 9.º a 12 da Lei 6/2006, nomeadamente a necessidade de escrito assinado pelo declarante.

6.1.1.3. Contratos com prazo certo

Como já referimos, a partir do sexto mês da duração do contrato, o arrendatário habitacional pode, de modo discricionário, pôr antecipadamente fim a contratos de prazo certo. Como também já referimos, essa denúncia deve ser feita com uma antecedência não inferior a 120 dias sobre a data em que o arrendatário pretenda que o contrato finde, mas o desrespeito de tal antecedência não obsta à eficácia da denúncia, apenas constituindo o arrendatário na obrigação de pagar ao senhorio o valor das rendas correspondentes ao período de pré-aviso em falta (art. 1098, n.º 3).

Quanto à forma, aplica-se outrossim o disposto nos arts. 9.º a 12 da Lei 6/2006, nomeadamente a necessidade de escrito assinado pelo declarante.

6.1.2. Denúncia pelo senhorio

6.1.2.1. Notas gerais

Ao contrário do que se passa com o arrendatário, o senhorio não pode pôr fim antecipadamente, de modo discricionário, aos arrendamentos urbanos com prazo certo. Assim, a denúncia pelo senhorio só abrange contratos de duração indeterminada (arts. 1099 e 1101 e ss.).

As três hipóteses em que o senhorio goza do direito de denúncia estão enunciadas no art. 1101, sendo as seguintes:

– Discricionariamente, mediante comunicação ao arrendatário com antecedência não inferior a cinco anos sobre a data em que pretenda a cessação (alínea c));
– Com fundamento em necessidade do local arrendado para habitação sua ou para habitação por descendentes seus no primeiro grau (alínea a));

– Com fundamento em obras de demolição ou de remodelação ou restauro profundos (alínea b)).

6.1.2.2. *Denúncia discricionária*

De acordo com o entendimento doutrinário e jurisprudencial generalizado, os contratos de duração indeterminada são, em geral, denunciáveis a todo o tempo por qualquer uma das partes, mediante "pré-aviso razoável"[10].

Ao possibilitar os arrendamentos urbanos de duração indeterminada, o legislador não poderia deixar de fixar a antecedência mínima com que a sua denúncia pode ser feita. Mais do que temerária, outra orientação seria inconcebível ...

Os problemas que o legislador tinha perante si eram apenas o de saber se essa antecedência deveria ser igual para senhorio e arrendatário e o de determinar qual deveria ser essa antecedência (diferenciadamente para as duas sub-hipóteses, no caso de optar por distinguir entre a denúncia pelo senhorio e a denúncia pelo arrendatário).

Seguindo o que muito provavelmente corresponde à opinião maioritária dos cidadãos, o legislador estabeleceu para o senhorio um prazo de pré-aviso mais longo do que o que estabeleceu para o arrendatário (muito mais longo!). Seja-nos permitido dizer que esse prazo nos parece justificado nos casos em que os arrendamentos de duração indeterminada nascem da conversão de contratos que não tinham essa natureza, mas que nos parece excessivo relativamente aos contratos que sejam originariamente celebrados como "de duração indeterminada".

O regime substantivo abrange ainda uma outra regra que merece destaque: o de que o senhorio deve confirmar a denúncia mediante nova comunicação, feita com a antecedência máxima de quinze meses e mínima de um ano relativamente à data em que pretenda a cessação – esclarecendo a lei que, na falta dessa confirmação, a denúncia é ineficaz (art. 1104).

No que diz respeito à forma das comunicações em causa aplicam-se as regras dos arts. 9.º a 12 da Lei 6/2006, nomeadamente a necessidade de escrito assinado pelo declarante.

---

[10] Para uma síntese do pensamento jurídico português na matéria, v. Paulo Alberto Videira Henriques, *A Desvinculação Unilateral* Ad Nutum *nos Contratos Civis de Sociedade e de Mandato*, n.º 54 da Colecção *Studia Iuridica* do BFDUC, Coimbra, Coimbra Editora, 2001, pp. 210 e ss.

6.1.2.2. *Denúncia para habitação pelo próprio ou por descendentes seus em primeiro grau*

A possibilidade de o senhorio pôr antecipadamente fim ao arrendamento para habitação com fundamento na necessidade do local arrendado para sua habitação é tradicional no direito português. O RAU estendeu tal fundamento à necessidade dos descendentes do senhorio em primeiro grau.

A nova lei mantém o essencial do regime do RAU, nomeadamente quanto aos requisitos da denúncia (art. 1102). Há, porém, algumas (pequenas) diferenças e um acrescentamento.

As diferenças são as seguintes:

– Enquanto o RAU se referia a o senhorio não ter casa nas *comarcas* de Lisboa e Porto e suas limítrofes (art. 71, n.º 1, alínea b)), a nova lei refere-se a o senhorio não ter casa nos *concelhos* de Lisboa e Porto e suas limítrofes (art. 1102, n.º 1, alínea b)):
– Enquanto em relação ao resto do país, o RAU se referia a o senhorio não ter casa na mesma *localidade* (art. 71, n.º 1, alínea b)), a nova lei refere-se a o senhorio não ter casa no mesmo *concelho* (art. 1102, n.º 1, alínea b)).

Quanto ao acrescentamento, consiste em da denúncia não poder resultar uma duração do contrato inferior a cinco anos (art. 1103, n.º 7).

No que respeita às obrigações que este tipo de denúncia gera para o senhorio, a Lei 6/2006 manteve quer a obrigação de compensar o arrendatário quer a obrigação de utilização do local, mas alterou os respectivos regimes.

Quanto à compensação, o seu valor, que era o correspondente a dois anos e meio de renda (art. 72 do RAU), é agora o correspondente a um ano de renda (art. 1102, n.º 1, proémio) – explicitando a lei que o mesmo deve ser pago no mês seguinte ao trânsito em julgado da decisão que decrete a cessação do contrato (art. 1103, n.º 5).

Quanto à obrigação de utilização, o prazo para a iniciar, que era de 60 dias (art. 72, n.º 2 do RAU), foi alargado para seis meses (art. 1102, n.º 2). Mantém-se o prazo mínimo durante o qual a utilização deve ocorrer (três anos antes, art. 72, n.º 2, do RAU, agora, art. 1103, n.º 2), bem como o sancionamento da violação do respectivo dever com a atribuição ao arrendatário dos direitos de repristinar o arrendamento e de receber valor correspondente a dois anos de renda (antes 72, n.º 2, do RAU, agora art. 1103, n.º 6). A nova lei, no entanto, possibilita ao arrendatário exigir valor mais elevado, mediante demonstração de que a cessação do contrato lhe provocou danos, patrimoniais ou não patrimoniais, excedentes ao do valor de dois anos de renda (art. 1103, n.º 6).

Não há inovações de monta quanto à forma e antecedência da denúncia: continua a ser feita mediante acção judicial, com antecedência não inferior a seis meses relativamente à data pretendida para a cessação do contrato (art. 1103, n.º 1)[11]. É apenas de frisar que desapareceu a regra do art. 70 do RAU segundo a qual a denúncia não obrigava ao despejo enquanto não decorressem três meses sobre a decisão definitiva.

6.1.2.3. Denúncia para demolição ou realização de obra "profunda"

A última subhipótese de denúncia pelo senhorio é a que se funde na pretensão de proceder à demolição do edifício ou à realização de obra de remodelação ou restauro profundos.

O regime aplicável resulta não apenas do CC, na redacção da Lei 6/2006, mas também da "legislação especial" a que se refere o art. 1103, n.º 8 – nomeadamente do Dec.-Lei 157/2006, de 8 de Agosto.

Não é possível, no âmbito desta intervenção, expor o conjunto desse regime, mas deixaremos registados, ainda assim, alguns dos seus traços.

Antes disso, porém, faremos duas notas de índole geral. A primeira para fazer ressaltar que o regime em causa vem substituir o que constava da Lei 2088, de 3 de Junho de 1957 (expressamente revogada pelo art. 49 do Dec.-Lei 157/2006, de 8 de Agosto). A segunda para sublinhar que o mesmo regime contempla não apenas a denúncia do arrendamento, mas também a suspensão do mesmo (arts. 5.º, 9.º e 10 do Dec.-Lei 157/2006).

Passando aos traços do regime que pretendemos deixar registados, abordaremos a antecedência e a forma da denúncia, bem como as obrigações de compensação ao arrendatário e de realização da obra.

Quanto à antecedência da denúncia, a regra é igual à aplicável ao despejo para habitação pelo senhorio ou por descendentes seus em primeiro grau: seis meses relativamente à data pretendida para a cessação do contrato (art. 1103, n.º 1).

Quanto à forma, é também a de acção judicial (art. 1103, n.º 1, e art. 8.º do Dec.-Lei 157/2006).

Passando à compensação a que o arrendatário tem direito, estabelece o n.º 3 do art. 1103 que a denúncia em causa "obriga o senhorio, mediante acordo e em alternativa (*sic*):

a) Ao pagamento de todas as despesas e danos, patrimoniais e não patrimoniais, suportados pelo arrendatário, não podendo o valor da indemnização ser inferior ao de dois anos de renda;

---

[11] O art. 70 do RAU referia-se ao "fim do prazo do contrato", na medida em que desconhecia os contratos de duração indeterminada.

b) A garantir o realojamento do arrendatário no mesmo concelho, em condições análogas às que este já detinha;
c) A assegurar o realojamento temporário do arrendatário no mesmo concelho com vista a permitir a reocupação do prédio, em condições análogas às que este já detinha."

O n.º 4 do mesmo artigo dispõe que, na falta de acordo, é aplicável a referida alínea a).

Vale a pena lembrar que o art. 5.º, § 2.º, da Lei 2088 estabelecia, para a "resolução do arrendamento", uma compensação de valor fixo: até às alterações que a Lei 46/85, de 20 de Setembro, nela introduziu, "igual a cinco ou dez vezes a renda anual à data da sentença de despejo, consoante se trate de arrendamento para habitação ou para comércio, indústria ou profissão liberal"; a partir dessas alterações, "igual a dez vezes a renda anual à data da sentença de despejo"[12].

No tocante à obrigação de realização de obra, é de relevar que a mesma deve ser iniciada no prazo de seis meses, sendo a infracção de tal dever sancionada nos mesmos termos que a infracção da obrigação de utilização do local arrendado no caso de denúncia para habitação do senhorio ou dos seus descendentes no primeiro grau (art. 1103, n.º 6).

A terminar, sublinhamos que a articulação entre os preceitos relevantes do CC e os do Dec.-Lei 157/2006 não é perfeita – valendo como exemplo de imperfeição o art. 1103, n.º 5, estabelecer que a indemnização devida pela denúncia deve ser paga no mês seguinte ao do trânsito em julgado da decisão e o art. 8.º do Dec.-Lei 157/2006 estabelecer que:

– O senhorio, quando não pretende assegurar o realojamento, deve depositar o valor correspondente a dois anos de renda, nos quinze dias seguintes à propositura da acção (n.º 3);
– Em caso de a "indemnização apurada ser de montante superior ao valor correspondente a dois anos de renda, a sentença não é proferida sem que se mostre depositada a sua totalidade" (n.º 4) – criando de resto, um círculo vicioso: a sentença não pode ser proferida enquanto o valor da indemnização não estiver depositado, mas não se pode saber qual é esse valor antes da sentença...
– "O arrendatário pode levantar o depósito após o trânsito em julgado da sentença que declare a extinção do arrendamento" (n.º 5).

---

[12] A que acrescia, quer antes, quer depois da Lei 46/85, "um vigésimo por cada ano completo de duração do arrendamento até à sentença de despejo, com o limite máximo de vinte anos" (§ 3.º do referido art. 5.º).

Como dissemos, a economia desta intervenção impede-nos, porém, de aprofundar o regime resultante do Dec.-Lei 157/2007.

6.2. Arrendamento para fins não habitacionais

Sobre a denúncia do arrendamento para fins não habitacionais, há que começar por lembrar que, como já dissemos, a nova lei reconhece às partes, na matéria, inteira liberdade de estipulação, estabelecendo como regras subsidiárias as do arrendamento para habitação, bem como que, na falta da estipulação, o contrato se considera celebrado pelo prazo de dez anos, não podendo o arrendatário denunciá-lo com antecedência inferior a um ano (art. 1110, n.ºs 1 e 2).

Do ponto de vista da relevância social, o que mais se impõe é sublinhar que também nos arrendamentos de duração indeterminada para fins não habitacionais, na ausência de estipulação, o senhorio goza do direito de denúncia exercível mediante comunicação ao arrendatário com antecedência não inferior a cinco anos sobre a data em que pretenda a cessação, a reiterar mais tarde, nos termos expostos a propósito da denúncia dos arrendamentos para fins habitacionais.

7. A Resolução por Incumprimento

7.1. Incumprimento relevante: a cláusula geral

Entrando na resolução por incumprimento, começaremos por chamar a atenção para uma alteração importante: enquanto o RAU (e a versão primitiva do CC) enumerava os fundamentos da resolução do arrendamento urbano pelo senhorio de modo taxativo, a nova versão do CC contém uma cláusula geral, seguida de uma enumeração exemplificativa (art. 1083, n.º 2). Mais precisamente, é fundamento de resolução, por qualquer das partes, "o incumprimento que, pela sua gravidade ou consequências, torne inexigível à outra parte a manutenção do arrendamento...". Fica, pois, aberto à jurisprudência campo para determinar quais os casos, para além dos exemplificativamente referidos na lei, em que o senhorio tem o direito de pôr fim ao arrendamento com fundamento em incumprimento pelo arrendatário.

7.2. Casos específicos de incumprimento relevante do arrendatário

Os casos que a lei refere como exemplos de incumprimento pelo arrendatário que torna inexigível ao senhorio a manutenção do arrendamento são os seguintes:

– A violação reiterada e grave de regras de higiene, de sossego, de boa vizinhança ou de normas constantes do regulamento do condomínio;
– A utilização do prédio contrária à lei, aos bons costumes ou à ordem pública;
– O não uso do locado por mais de um ano (salvo nos casos previstos no n.º 2 do artigo 1072);
– A cessão, total ou parcial, temporária ou permanente, onerosa ou gratuita, quando ilícita, inválida ou ineficaz perante o senhorio (art. 1083, n.º 2, alíneas a) e e);
– A mora superior a três meses no pagamento da renda, embargos ou despesas (art, 1083, n.º 3);
– A oposição pelo arrendatário à realização de obra ordenada por autoridade pública (art. 1083, n.º 3).

É, porém, de notar que:

– A resolução com fundamento na falta de pagamento da renda fica sem efeito se o arrendatário puser fim à mora no prazo de três meses (art. 1084, n.º 3)[13];
– A resolução com fundamento na oposição à realização de obra ordenada por autoridade pública fica sem efeito se essa oposição cessar no prazo de três meses (art. 1084, n.º 4).

7.3. Forma da resolução pelo senhorio

Até à Lei 6/2006, o art. 1047 estabelecia – em derrogação da regra do direito português segundo a qual a resolução opera mediante declaração (extra-judicial) à outra parte – que a resolução do contrato de locação fundada em falta de cumprimento pelo locatário tinha de ser decretada pelo tribunal.

---

[13] Sobre as dificuldades de interpretação desta regra e as da sua coordenação com o art. 1048, v. Nuno Manuel Pinto Oliveira, *Resolução do Contrato de Arrendamento*, in *Scientia Iuridica*, n.º 308, tomo LV, Outubro-Dezembro 2006, pp. 652 e ss.

Por força da Lei 6/2006, o art. 1047 estabelece agora que a resolução do contrato de locação pode ser feita judicial ou extrajudicialmente (consoante as situações, entenda-se) – proposição essa que vários preceitos do CC concretizam.

Assim:

- A resolução do arrendamento pelo senhorio com base nos factos previstos nas alíneas do n.º 2 do art. 1083 tem de ser decretada judicialmente (art. 1084, n.º 2);
- A resolução do arrendamento pelo senhorio com base nos factos previstos no n.º 3 do art. 1083 pode ser feita extrajudicialmente, mediante comunicação na qual "fundamentadamente se invoque a obrigação incumprida" (art. 1084, n.º 1).

À comunicação extrajudicial da resolução são aplicáveis os arts. 9.º a 12 da Lei 6/2006.

7.4. Forma da resolução pelo arrendatário

A resolução do arrendamento urbano pelo arrendatário pode sempre ser feita extrajudicialmente, mediante comunicação na qual "fundamentadamente se invoque a obrigação incumprida" (art. 1084, n.º 1), que deve também, como todas as demais comunicações relativas à cessação do arrendamento, obedecer às regras dos arts. 9.º a 12 da Lei 6/2006.

7.5. Resolução e responsabilidade contratual

Nos contratos bilaterais, o incumprimento contratual definitivo gera para a parte fiel o direito à resolução do contrato, direito esse que é cumulável com o direito a indemnização[14]. O mesmo sucede no arrendamento: a parte fiel pode, além de resolver o contrato, exigir à parte incumpridora que a indemnize pelos prejuízos sofridos.

O RAU explicitava isso a propósito da acção de despejo, dizendo que, juntamente com o pedido de despejo, o autor podia requerer o pagamento de indemnização (art. 56, n.º 2). O art. 1086, n.º 2, faz essa explicitação de modo

---

[14] Sobre as relações entre os direitos de resolução e de indemnização, v. Pedro Romano Martinez, *Da Cessação do Contrato*, cit., pp. 124 e ss.

mais curial, nomeadamente por abranger não apenas os direitos dos senhorios mas também os dos arrendatários.

7.6. Cumulação da resolução com outras causas de extinção do arrendamento

Outra cumulação que o novo texto do CC permite é a da resolução com a denúncia ou com a oposição à renovação (art. 1086, n.º 1). Embora, como já foi notado[15], o alcance da norma não seja totalmente claro, julgamos não errar se dissermos que o seu sentido primacial é o de dizer que a cessação do contrato por outra causa (denúncia ou oposição à renovação) não extingue os direitos resultantes da resolução.

7.7. O direito a indemnização do senhorio estabelecido no art. 14, n.º 2, da Lei 6/2006

O art. 1072, n.º 1, estabelece que o arrendatário deve usar efectivamente a coisa para o fim contratado, não deixando de a usar por mais de um ano.

Como dissemos, dois dos casos que a lei refere como fundamento para a resolução do contrato pelo senhorio são "o uso do prédio para fim diverso daquele a que se destina" e "o não uso do locado por mais de um ano" (art. 1083, n.º 2, alíneas e) e d)).

No seu art. 14, n.º 2, a Lei 6/2006, acrescenta que, quando a resolução tiver por fundamento a falta de residência permanente do arrendatário e este tenha outra residência ou a propriedade de imóvel para habitação adquirida *inter vivos* após o início do arrendamento, situados em área próxima do local arrendado (considerando-se como área próxima, nos concelhos de Lisboa e Porto e nos seus limítrofes, a do conjunto dos mesmos e, no resto do país, a do concelho em que se situe o espaço arrendado), o senhorio tem ainda direito a uma indemnização igual ao valor da renda determinada de acordo com as regras de actualização, "desde o termo do prazo para contestar até à entrega efectiva da habitação".

O fim da norma parece claro: desincentivar os arrendatários incumpridores de procurarem tirar partido da lentidão dos processuais judiciais. Menos claro é se o senhorio tem tal direito quando o valor da renda devida pelo

---

[15] V. Maria Olinda Garcia, *A Nova Disciplina do Arrendamento Urbano*, Coimbra, Coimbra Editora, 2006, p. 25.

arrendatário seja igual ou superior ao da renda determinada de acordo com as regras de actualização. Não havendo aí qualquer dano – actual ou potencial –, julgamos que a resposta à dúvida é negativa.

7.8. Caducidade do direito de resolução

Na sua redacção primitiva, o CC estabelecia que "a acção de resolução deve ser proposta dentro de um ano, a contar do conhecimento do facto que lhe serve de fundamento, sob pena de caducidade" (art. 1094).

Procurando pôr fim a dúvidas levantadas pelo preceito no respeitante ao modo da sua aplicação aos factos continuados[16] a Lei 24/89, de 1 de Agosto, acrescentou à regra em causa outra segundo a qual esse prazo de caducidade, quando se tratasse de facto continuado ou duradouro só se contava a partir da data sem que o facto cessasse (passando a regra primitiva a constituir o n.º 1 do art. 1094 e a regra acrescentada o seu n.º 2).

O RAU, no seu art. 65, reproduziu o art. 1094, na versão resultante da Lei 24/89.

O novo art. 1085 mantém a orientação em causa, embora com alterações de redacção. No n.º 1, a alteração foi certamente motivada pelo objectivo de adaptar o texto à possibilidade de o senhorio resolver o contrato extrajudicialmente e pelo de abranger a resolução por iniciativa do arrendatário. Já a motivação para a alteração do n.º 2 não é clara, parecendo apenas tratar-se de uma outra forma de significar o mesmo.

8. A Caducidade

Passemos à caducidade enquanto factor de cessação do arrendamento urbano.

---

[16] Dúvidas essas que, de resto, tinham conduzido ao (polémico) assento do STJ de 3 de Julho de 1984, segundo o qual "seja instantâneo ou continuado o facto violador do contrato de arrendamento, é a partir do seu conhecimento inicial pelo senhorio que se conta o prazo de caducidade estabelecido no art. 1094.º do Código Civil" (v. o BMJ n.º 337, Junho 1984, pp. 182 e ss., ou o DR I Série de 3 de Julho de 1984).

8.1. Causas de caducidade da locação

Na sua versão primitiva, a secção do CC dedicada ao arrendamento de prédios urbanos e ao arrendamento de prédios rústicos para fins não rurais, em matéria de caducidade, continha apenas disposições esparsas, dando campo à aplicação das regras gerais da caducidade da locação, que constavam dos arts. 1051 e ss.

Após 25 de Abril de 1974, houve várias alterações às regras sobre caducidade do arrendamento, motivadas sobretudo pelo objectivo de proteger o "direito à habitação", mas a referida arrumação sistemática não foi beliscada[17].

O RAU manteve a orientação em causa, tendo apenas introduzido pequenas alterações de substância e agrupado algumas das normas especiais sobre caducidade numa subsecção (composta pelos seus arts. 66 e 68).

O mesmo é dizer, pois, que, embora com sucessivas alterações, o art. 1051 manteve sempre o papel de preceito central em matéria de caducidade da locação, incluindo na do arrendamento urbano.

A Lei 6/2006 não alterou isso.

Quanto ao teor do preceito em causa, a Lei 6/2006 também foi modesta, tendo apenas feito duas alterações ao que era o texto do art. 1051 à data da sua publicação:

– Uma na redacção da alínea f);
– Outra consistente no acrescentamento da alínea g).

Quanto à alteração da alínea f), parece fora de dúvida que a mesma é desprovida de quaisquer consequências, parecendo ter sido motivada por razões de estilo.

Já o acrescentamento da alínea g) correspondeu ao reenquadramento daquilo que no RAU (e na versão primitiva do CC) era um fundamento de resolução: o arrendatário deixar de prestar ao senhorio serviços pessoais que tivessem determinado a ocupação do prédio (cfr. o art. 64, n.º 1, alínea j), do RAU e o art. 1093, n.º 1, alínea j), do texto originário do CC). Passa, pois, a ser considerado factor de caducidade aquilo que até aqui era fundamento de resolução.

---

[17] Cfr. o Dec.-Lei 67/75, de 19 de Fevereiro, o Dec.-Lei 420/76, de 28 de Maio, o Dec.-Lei 293/77, de 20 de Julho, o Dec.-Lei 496/77, de 25 de Novembro e a Lei 46/85, de 20 de Setembro.

8.2. O regime em caso de morte do arrendatário

Por força do art. 1051, alínea d), a morte do locatário é uma das causas de caducidade do arrendamento urbano. A regra-base foi sempre essa. No entanto, já a versão primitiva do CC previa certas excepções à mesma.

8.2.1. *Arrendamento para habitação*

No respeitante ao arrendamento para habitação, as excepções então previstas (no art. 1111) eram:
- A transmissão da posição do primitivo arrendatário a favor do seu cônjuge não separado judicialmente de pessoas e bens ou de facto;
- Em caso de inexistência de cônjuge nessas condições, a transmissão a favor de parentes ou afins na linha recta que com vivessem com o arrendatário há, pelo menos, um ano à data da sua morte;
- Em caso de transmissão a favor do cônjuge do primitivo arrendatário, uma nova transmissão a favor de parentes ou afins na linha recta desse transmissário do arrendamento, desde que os mesmos também com ele vivessem há pelo menos, um ano, à data da sua morte.

Para cabal compreensão da excepção consistente na transmissão a favor do cônjuge, é de relembrar que, então, a posição de arrendatário não era comunicável, fosse qual fosse o regime de bens.

Algumas das atrás aludidas intervenções legislativas subsequentes a 25 de Abril de 1974, em matéria de caducidade do arrendamento para habitação, tiveram por objecto precisamente o destino do arrendamento, *ou melhor, do local arrendado*, em caso de morte do arrendatário. Sirva de exemplo o Dec.--Lei 420/76, de 28 de Maio, que atribuiu direito de preferência em novo arrendamento a vários dos coabitantes com o arrendatário falecido.

Quanto ao RAU, na sua versão primitiva, previa que:
- Em caso de morte do primitivo arrendatário habitacional, houvesse transmissão da sua posição a favor de um de vários familiares (art. 85, n.ºs 1 e 2);
- Houvesse segunda transmissão da posição de arrendatário em caso de o primeiro transmissário ser o cônjuge sobrevivo (art. 85, n.º 3);
- Vários dos coabitantes com o arrendatário falecido tivessem direito a novo arrendamento (art. 90).

Os interesses dos senhorios eram protegidos por meio de algumas limitações a essas transmissões e a esse direito a novo arrendamento, bem como pela aplicação, nalguns casos de transmissão, do "regime de renda condicionada" e pela submissão dos arrendamentos celebrados com os coabitantes do falecido ao regime de duração ilimitada.

O novo regime consta dos arts. 1106 e 1107 e é assim resumível:

- O arrendamento para habitação não caduca por morte do arrendatário quando lhe sobreviva cônjuge com residência no locado, pessoa que vivesse no locado com o arrendatário em união de facto há mais de um ano ou pessoa que vivesse no locado com o arrendatário em economia comum também há mais de um ano;
- A ordem de prioridades na transmissão é: cônjuge ou pessoa em união de facto, parentes ou afins mais próximos (e entre estes o mais velho), outras pessoas que vivessem em economia comum com o arrendatário (e entre estas a mais velha);
- Se a morte do arrendatário se der menos de seis meses antes da data de cessação do arrendamento, o transmissário pode manter o arrendamento pelo período de seis meses a contar dessa morte;
- A "concentração" do arrendamento ao cônjuge sobrevivo ou a transmissão do arrendamento devem ser comunicadas ao senhorio, com cópia dos documentos comprovativos dos factos relevantes (documentalmente comprováveis...), no prazo de três meses a contar da morte;
- A inobservância da comunicação em causa não obsta à "concentração" ou transmissão do arrendamento, mas obriga o faltoso a indemnizar o senhorio pelos danos resultantes da omissão;
- A comunicação em causa obedece aos arts. 9.º a 12 da Lei 6/2006.

Resta explicitar que acabaram os direitos à celebração de novo arrendamento.

8.2.2. Arrendamento para fins não habitacionais

Passemos ao regime de caducidade do arrendamento para fins não habitacionais, em caso de morte do arrendatário, começando por lembrar que a versão primitiva do CC previa, no tocante aos arrendamentos para comércio, indústria ou profissão liberal, que a sua posição de se transmitisse aos respectivos sucessores (arts. 1113 e 1119).

O RAU manteve essas regras (no tocante ao arrendamento para comércio e indústria, o preceito relevante foi sempre o art. 112; no tocante ao arrendamento para profissão liberal, o preceito relevante começou por ser o art. 117, passando a ser o 121, a partir do Dec.-Lei 257/95, de 30 de Setembro).

Também aqui a orientação da Lei 6/2006 é de continuidade. Substancialmente, as principais alterações são:

- O encurtamento do prazo de comunicação dos sucessores interessados na transmissão, de 180 dias para três meses (art. 1113, n.º 2);
- O alargamento do prazo de comunicação dos sucessores renunciantes, de 30 dias para três meses (art. 1113, n.º 1).

Formalmente, a principal alteração está em o novo art. 1113, à semelhança de todos os da mesma subsecção, tratar em conjunto todos os arrendamentos urbanos para fins não habitacionais, ao passo que o RAU tratava separadamente o arrendamento para comércio e indústria, de um lado, e o arrendamento para profissão liberal, de outro (embora, no caso, por norma remissiva).

8.3. A protecção do arrendatário em caso de caducidade do arrendamento por extinção do direito ou dos poderes legais de administração com base nos quais o locador tenha celebrado o contrato

Uma das causa de caducidade do arrendamento é – continua a ser – a cessação do direito ou dos poderes legais da administração com base nos quais o locador tenha celebrado o contrato (art. 1051, alínea c)).

Sirvam de exemplos os casos em que a legitimidade do locador assenta em ser titular de usufruto ou administrador de imóvel pertencente a filho menor. Findo o usufruto ou atingida a maioridade pelo proprietário, a locação caduca (salvo, no caso do usufruto, se a propriedade se consolidar na esfera jurídica de quem era usufrutuário ou se a extinção do usufruto resultar de renúncia – cfr. art. 1052, sendo de realçar que, no caso da segunda excepção, o arrendamento caducará na data em que o usufruto terminaria não fora a renúncia).

A regra em causa pode ofender expectativas do locatário. Foi isso que, após 25 de Abril de 1974, levou o legislador a várias intervenções cujo sentido comum foi o de proteger essas expectativas.

A primeira dessas intervenções foi levada a cabo pelo Dec.-Lei 67/75, de 19 de Fevereiro, tendo consistido em aditar dois números ao art. 1051 (passando o texto anterior a n.º 1), que determinavam, além do mais, que em caso de caducidade do arrendamento resultante da cessação do direito ou dos poderes legais de administração com base nos quais o locador tinha celebrado o contrato, "manter-se-á a posição do locatário, com actualização de renda, nos termos legais, se assim for requerido".

Desde então, houve várias outras intervenções legislativas na matéria, mas não mais o locatário ficou totalmente desprotegido em caso de cessação do direito ou dos poderes legais de administração do locador.

O RAU dispunha que, no arrendamento para habitação, nas situações em causa, o arrendatário tinha em princípio, direito a um novo arrendamento – embora em regime de duração limitada (arts. 66, n.º 2, 90 e ss.).

A nova lei baixa a protecção do arrendatário habitacional, já que apenas lhe confere um direito de preferência em eventual novo arrendamento (art. 1091, n.º 1, alínea b)), direito esse que se extingue se o senhorio não celebrar tal novo arrendamento durante o prazo para a restituição do local arrendado, que é, como vimos, de seis meses sobre a verificação do facto que determina a caducidade (arts. 1091, n.º 2, e 1053).

No que respeita ao arrendatário para comércio, indústria ou profissão liberal, a versão primitiva do Código Civil continha uma norma que protegia o arrendatário nalgumas das situações em causa. Era o art. 1114, segundo o qual, o arrendatário tinha direito a uma compensação em dinheiro, sempre que por facto seu o prédio arrendado tivesse aumentado de valor locativo – importância essa a fixar segundo juízos de equidade, até ao décuplo da renda anual. A regra era especialmente relevante para os casos de arrendamento comercial em sentido restrito, pois era vulgar que um estabelecimento comercial bem afreguesado valorizasse locativamente o espaço em que fora instalado.

O RAU manteve o essencial dessa orientação (art. 113, aplicável também ao arrendamento para profissão liberal por força da norma remissiva que primeiro constava do art. 117 e a partir do Dec.-Lei 257/95, de 30 de Setembro, passou a constar do art. 121).

A nova lei trata o arrendatário para fins não habitacionais de modo igual ao arrendatário para fins habitacionais, já que o referido art. 1091 é aplicável aos dois subtipos de arrendamento urbano (insere-se na última das seis subsecções da secção sobre arrendamento de prédios urbanos que são de vocação geral).

9. O Regime Transitório

9.1. Observações gerais

Os arts. 26 a 58 da Lei 6/2006 aparecem agrupados no título cujo nome é "normas transitórias". Os seus arts. 59 a 61 também têm a ver com a aplicação das regras no tempo. Basta isso para se perceber como é relevante o regime transitório.

Vamos tentar expor o mais importante desse regime, no que ao assunto objecto da nossa atenção respeita. Primeiro dedicar-nos-emos aos contratos habitacionais e depois aos contratos não habitacionais. Dentro de cada uma dessas categorias seguiremos as divisões sugeridas pelos nomes dos capítulos do título II da Lei 6/2006: no caso dos contratos habitacionais, separaremos os celebrados na vigência do RAU dos celebrados antes dela; no caso dos contratos não habitacionais, separaremos os celebrados após o Dec.-Lei 257/95, de 30 de Setembro, dos celebrados antes dele[18].

Antes de entrarmos nessa exposição, enunciaremos as regras-base:

- As relações contratuais de arrendamento urbano constituídas após a entrada em vigor do NRAU são reguladas apenas pelo novo texto do Código Civil e pelas disposições do capítulo II da Lei 6/2006 (art. 59, n.º 1, primeira parte);
- As relações contratuais de arrendamento urbano constituídas antes da entrada em vigor do NRAU ficam também submetidas a essas normas, mas com certas derrogações resultantes do regime transitório (art. 59, n.º 1, segunda parte);
- As normas supletivas constantes do NRAU só se aplicam às relações contratuais de arrendamento urbano constituídas antes da sua entrada em vigor "quando não sejam em sentido contrário ao da norma supletiva vigente aquando da celebração, caso em que é essa a norma aplicável" (art. 59, n.º 3).

---

[18] Lembre-se que o diploma em causa foi o que, mediante alteração do RAU, possibilitou os arrendamentos com prazo certo (ou "de duração efectiva") no respeitante aos arrendamentos para comércio, indústria ou profissão liberal.

9.2. Contratos Habitacionais

9.2.1. *Celebrados na vigência do RAU*

Quanto aos contratos para fins habitacionais celebrados na vigência do RAU, as principais regras transitórias, na matéria que nos ocupa, são:

- A não denunciabilidade discricionária pelo senhorio, em desvio à regra de que os contratos sem duração limitada se passam a reger pelas normas aplicáveis aos contratos de duração indeterminada (art. 26, n.º 4, alínea c));
- O direito de denúncia do senhorio para sua habitação ou de descendente seu em primeiro grau continua a ter as limitações estabelecidas no art. 107 do RAU (resultantes da duração do arrendamento e da situação de presumível debilidade do arrendatário) (art. 26, n.º 4, alínea a));
- O valor da compensação a pagar pelo senhorio em caso de denúncia do arrendamento para sua habitação ou de descendente seu em primeiro grau não pode ser inferior ao de um ano de renda calculada nos termos das regras de actualização (art. 26, n.º 4, alínea b));
- Em caso de morte do arrendatário, se com ele coabitassem familiares de algumas categorias, a sua posição transmite-se aos mesmos (arts. 26, n.º 2, e 57);
- Quando não sejam denunciados por qualquer das partes, os contratos de duração limitada renovam-se automaticamente, sendo a primeira renovação pelo período de três anos, se outro superior não estiver previsto (art. 26, n.º 3).

9.2.2. *Celebrados antes da vigência do RAU*

Quanto aos contratos habitacionais celebrados antes da vigência do RAU, no campo da nossa atenção, as principais regras transitórias na matéria são iguais às estabelecidas para os celebrados na vigência do RAU (v. arts. 27, 28[19]

---

[19] O art. 28 da Lei 6/2006, só por si, mereceria uma longa análise... Parecendo claro que o critério em que assenta a existência de dois blocos diferentes de normas transitórias (os capítulos I e II do título II da Lei 6/2006) é o de os contratos visados em cada um terem sido celebrados antes ou depois de serem legalmente permitidos "contratos de duração limitada", qual o sentido de mandar aplicar, "com as devidas adaptações", normas pensadas para os contratos celebrados depois dessa permissão (as do capítulo I) aos contratos celebrados antes dessa permissão (as do capítulo II)?

e 57). A Lei 6/2006 contém muitas outras regras transitórias aplicáveis a esses contratos, mas que respeitam à actualização das rendas (arts. 30 e ss.).

Merecem, porém referência as previsões do art. 29, em matéria do direito do arrendatário a benfeitorias, segundo as quais:

- Salvo estipulação em contrário[20], a cessação do contrato dá ao arrendatário direito a compensação pelas obras licitamente feitas, nos termos aplicáveis às benfeitorias por possuidor de boa fé (n.º 1);
- A denúncia do arrendamento pelo arrendatário em certas fases do processo de actualização de renda confere-lhe direito a compensação pelas obras licitamente feitas, independentemente do estipulado no contrato de arrendamento (n.º 2).

9.3. Contratos não habitacionais

9.3.1. *Celebrados após o Dec.-Lei 257/95, de 30 de Setembro*

Quanto aos contratos para fins não habitacionais celebrados após o Dec.--Lei 257/95, as principais regras transitórias, na matéria que nos ocupa, são:

- A não denunciabilidade discricionária pelo senhorio, em desvio à regra de que os contratos sem duração limitada se passam a reger pelas normas aplicáveis aos contratos de duração indeterminada (art. 26, n.º 4, alínea c)).
- (Em excepção à regra anterior), a aplicação da regra da denunciabilidade discricionária pelo senhorio quando, após a entrada em vigor do NRAU:
    a) ocorra trespasse ou locação do estabelecimento comercial (art. 26, n.º 6, alínea a));
    b) ocorra transmissão *inter vivos* de participação social ou participações sociais que determine "a alteração da titularidade em mais de 50% face à situação existente aquando da entrada em vigor" do NRAU (art. 26, n.º 6, alínea b));
- Em caso de morte do arrendatário, o arrendamento só se transmite se existir sucessor que, desde há mais de três anos, viesse a explorar em comum com o arrendatário o estabelecimento instalado no local arrendado – caso em que se transmite para esse sucessor (arts. 26, n.º 2, e 58);

---

[20] Que, de resto, será frequente.

– Quando não sejam denunciados por qualquer das partes, os contratos de duração limitada renovam-se automaticamente, sendo a primeira renovação pelo período de cinco anos (art. 26, n.º 3).

A regra restritiva sobre a transmissão do arrendamento em caso de morte do arrendatário merece duas notas. Uma para chamar a atenção para as dificuldades interpretativas que a expressão "explore, em comum, com o arrendatário primitivo" levanta (para que o requisito se verifique basta uma colaboração de qualquer tipo ou é necessária a existência de uma sociedade irregular?). A segunda para criticar o afastamento da norma transitória relativamente à regra tradicional segundo a qual o arrendamento comercial não caduca por morte do arrendatário – de resto, como vimos, mantida no novo regime "permanente" (art. 1113)[21].

9.3.2. Celebrados antes do Dec.-Lei 257/95, de 30 de Setembro

Quanto aos contratos não habitacionais celebrados antes do Dec.-Lei 257/95, as principais regras transitórias no campo da nossa atenção são também iguais às estabelecidas para os celebrados antes desse diploma (v. arts. 27 e 28[22]) – merecendo os mesmos comentários.

Tal como sucede com os contratos habitacionais celebrados antes da vigência do RAU, a Lei 6/2006 contém muitas outras regras transitórias, mas que respeitam à actualização das rendas (arts. 50 e ss.).

Aplicam-se a estes contratos as mesmas regras sobre benfeitorias que se aplicam aos contratos habitacionais celebrados antes da vigência do RAU, que referimos antes (art. 29).

---

[21] Sobre a regra em causa, v. Joaquim de Sousa Ribeiro, *O Novo Regime do Arrendamento Urbano: Contributos para uma Análise*, in Cadernos de Direito Privado, n.º 14, Abril/Junho 2006, pp. 19 e 24, Maria Olinda Garcia, *Arrendamentos para Comércio e Fins Equiparados*, Coimbra, Coimbra Editora, 2006, pp. 73 e ss., Fernando de Gravato Morais, *Novo Regime de Arrendamento Comercial*, Coimbra, Almedina, 2006, pp. 50 e ss., e Luís Manuel Teles de Menezes Leitão, *Arrendamento Urbano*, Coimbra, Almedina, 2006, pp. 122 e 123.

[22] Releia-se a nota 19.

10. NOTA FINAL

Em minha opinião, sem prejuízo de críticas pontuais, como algumas das que fiz, a Lei 6/2006 merece ser elogiada, por ter reposto no CC o essencial do regime dos arrendamentos urbanos, bem como pelo modo por que o fez. No restante, a Lei 6/2006 é um diploma com muitas falhas, de fundo e de forma.

Embora transcenda o âmbito desta intervenção, não posso deixar de dizer que o regime de actualização das rendas (sobretudo das habitacionais) é tão complexo que dificilmente terá êxito.

De resto, a paixão do legislador pela complexidade manifesta-se também de modo intenso nos demais aspectos de regime transitório que abordei.

As leis – sobretudo aquelas que se destinam a ser vividas por milhões de pessoas, como é o caso – devem claras, sob pena de ineficácia social. Ao optar por conteúdos e formulações que nenhum cidadão comum reterá com facilidade, o legislador terá condenado a sua reforma a não alcançar os objectivos que visa. É com pesar que prevejo que ainda não será desta vez que o arrendamento urbano, nomeadamente no que à habitação respeita, encontrará um quadro normativo que lhe permita retomar o papel que as necessidades económicas e sociais recomendam que ocupe – pesar esse que é agravado por estar convicto de que teria sido possível, e, ouso dizer, até fácil, adoptar soluções melhores.

A NOVA ACÇÃO DE DESPEJO

José Lebre de Freitas[*]

1. Forma de processo

A acção de despejo foi, até à Lei 42/90, de 10 de Agosto, que aprovou o Regime do Arrendamento Urbano, um processo especial de natureza **mista**, iniciado com uma fase declarativa e seguido, se necessário, por uma fase executiva.

Na primeira, havia tentativa liminar de conciliação, uma fase de articulados em que era sempre admissível que o réu, em reconvenção, pedisse benfeitorias e indemnização – também o autor podia pedir, com o despejo, a condenação do réu no pagamento de rendas em dívida e indemnização (art. 470-2 CPC) –, bem como a resposta, em 5 dias, à contestação – no processo sumário, só quando houvesse excepção ou reconvenção, sendo neste caso o prazo da resposta de 10 dias –, a obrigatoriedade da comparência em audiência das testemunhas residentes fora da comarca e prazos mais curtos para os actos judiciais e das partes; dispensava-se a audiência preparatória e não se admitia recurso autónomo da decisão das reclamações contra a especificação e o questionário (solução só em 1985 generalizada). Subsidiariamente, aplicavam-se as disposições do processo sumário (art. 972 CPC).

Com o RAU (art. 56-1), a fase declarativa da acção de despejo passou a seguir os termos do **processo comum**, mantendo-se, porém, expresso o direito do réu a pedir, em reconvenção, o seu direito a benfeitorias ou a uma indemnização, bem como o direito do autor a cumular o pedido de despejo com os de condenação no pagamento de rendas ou indemnização (art. 56, n.os 2 e 4).

Quanto à fase executiva, antes como depois do RAU (art. 985 CPC; art. 59 RAU), enxertava-se nos autos, em lugar de dar lugar a uma acção por apenso. Ao senhorio bastava pedir que se passasse **mandado de despejo**; passado este, seguia-se logo a entrega, com a particularidade de ela se executar em face de toda e qualquer pessoa que estivesse na detenção do prédio, e não apenas perante o arrendatário, a não ser que o detentor exibisse título de arrendamento

---

[*] Professor Catedrático da Faculdade de Direito da Universidade Nova de Lisboa.

emanado do senhorio ou título de subarrendamento ou de cessão da posição contratual que perante ele fosse eficaz, por o acto lhe ter sido notificado no prazo de 15 dias e ele o ter autorizado, por ter reconhecido o subarrendatário ou cessionário como tal (art. 986 CPC; art. 60 RAU) ou por se estar perante o trespasse de estabelecimento comercial ou a cessão de direito ao arrendamento para exercício de profissão liberal. Suspensa a execução do mandado, ao detentor cabia pedir a confirmação da suspensão, no prazo de 5 dias, após o que o juiz decidia se a suspensão era ou não de manter. Ponto controvertido era o de saber se, após a entrega, o arrendatário executado era notificado e poderia, nos termos gerais, defender-se por **embargos**, questão que a jurisprudência, na esteira de ALBERTO DOS REIS[1], ia resolvendo negativamente[2], contra a opinião de ANSELMO DE CASTRO[3], eu próprio[4], TEIXEIRA DE SOUSA[5] e AMÂNCIO FERREIRA[6].

O novo RAU (Lei 6/2006, de 27 de Fevereiro) manteve a natureza comum da acção declarativa de despejo (art. 14-1), deixou de referir a admissibilidade da reconvenção baseada em benfeitorias e no direito do arrendatário a ser indemnizado, bem como a admissibilidade da cumulação do pedido de despejo com o de renda ou indemnização (referências desnecessárias desde que se passara a seguir a forma de processo comum), inseriu uma norma, de direito substantivo, sobre o direito do senhorio a indemnização, em caso de fundar o pedido de despejo na falta de residência permanente do arrendatário e o arrendatário ter outra residência ou ser proprietário de imóvel para habitação por aquisição posterior ao contrato de arrendamento (art. 14-2), e alterou o procedimento a seguir relativamente às rendas vencidas na pendência da acção de despejo (art. 14, n.os 3 a 5). Quanto à acção executiva, **autonomizou-a**, sujeitando-a ao regime da execução para entrega de coisa certa, pelo que deixou, também quanto a ela, de se poder falar de acção especial.

As grandes alterações introduzidas pelo novo regime não respeitam, porém, à tramitação da acção, declarativa e executiva, de despejo[*], mas aos

---

[1] **Processos especiais**, I, ps. 253 e 259-260.
[2] Por exemplo: ac. do TRL de 7.3.62, JR, 8, p. 249; ac. do TRP de 22.11.84, **CJ**, 1984, V, p. 249; ac. do TRL de 14.1.76, **CJ**, 1976, I, p. 187. Também assim ARAGÃO SEIA, **Arrendamento urbano**, Coimbra, Almedina, 2002, p. 372.
[3] **Acção executiva singular, comum e especial**, 1973, ps. 402-403.
[4] **Acção executiva**, 1993, 24.3.
[5] **A acção de despejo**, Lisboa, Lex, 1995, p. 91 (restritivamente).
[6] **Curso de processo de execução**, 2000, p. 446.
[*] Chamemos-lhe assim. A acção, declarativa ou executiva, com processo comum não tem denominação legal a que corresponda uma forma processual. A lei continua, porém, a denominar "acção de despejo" a acção constitutiva de resolução do contrato de arrendamento.

seus pressupostos, porquanto a acção declarativa de despejo passou a ser reservada aos casos em que a lei impõe o recurso à via judicial para fazer cessar a relação de arrendamento (art. 14-1) e a acção executiva passou a ser fundada, não só na sentença de despejo, mas também nos títulos, judiciais e extrajudiciais, elencados no art. 15.

2. Pressupostos da acção declarativa

É sabido que, no regime anterior, a **denúncia** do contrato de arrendamento podia, no regime geral (arts. 219 CC, 1054-1 CC e 1055 CC), bem como no do arrendamento rural (art. 18-1-a NRAR), ter lugar extrajudicialmente; mas que tal não acontecia no regime do arrendamento urbano, a não ser no caso de denúncia de **arrendamento urbano de duração limitada**, que operava por notificação judicial avulsa feita a requerimento do senhorio, com a antecedência de um ano relativamente ao fim do prazo ou da sua renovação (art. 100-2 RAU). Os arts. 101 RAU e 19-2 LAR conferiam ao senhorio o direito de pedir a execução do despejo, com base no título executivo formado pelo documento que continha a denúncia (notificação judicial avulsa ou escrito particular). Com uma diferença: no caso do LAR, era pedido mandado de despejo; no caso do RAU, tinha lugar a acção executiva para entrega de coisa certa.

Em todos os outros casos, fossem os de arrendamento geral, fossem os de arrendamento urbano, o recurso à acção declarativa de despejo impunha-se, como o meio sem o qual a restituição do prédio arrendado não era possível. O recurso à acção de despejo era **necessário**, não só para fazer valer qualquer fundamento de **resolução** ou **denúncia** do contrato, mas também para fazer valer, contra o inquilino, o efeito da **caducidade** do arrendamento, ainda que esta operasse automaticamente. Não havia desocupação forçada do local arrendado sem acção de despejo, em cujos autos, após a sentença, era emitido o respectivo mandado. Salvo o caso de contrato de arrendamento de duração limitada, a execução do despejo de prédio urbano estava, pois, sempre dependente da obtenção prévia da sentença de despejo, mesmo quando esta, como era o caso da caducidade do contrato, tinha por função a mera verificação dos respectivos pressupostos.

No novo regime, a acção declarativa de despejo perde a possibilidade de ser uma acção de **mera apreciação** e, tal como a acção de anulação ou a de divórcio litigioso, é circunscrita aos casos em que através da sentença se moldam em modos diversos dos preexistentes as situações jurídicas das partes: a acção de despejo, de natureza exclusivamente **constitutiva**, tem lugar apenas quando se trata de fazer cessar, pela sentença, a relação jurídica de arrendamento, por resolução pelo senhorio (art. 1083 CC, n.os 2 e 3, bem como art. 36-3 do novo RAU) ou por denúncia, também por ele (art. 1101 CC, alíneas a) e b)).

Os fundamentos de **resolução** do arrendamento pelo senhorio deixaram de ser taxativos: o art. 1083-2 CC consagra uma **cláusula geral**, segundo a qual é fundamento de resolução o acto de incumprimento que, pela sua **gravidade** ou **consequências**, torne **inexigível** ao contraente fiel a manutenção do arrendamento. Segue-se, nas cinco alíneas do n.º 2 e no n.º 3, aquilo que parecerá ser uma **mera exemplificação**[7], à qual logo se acrescenta a oposição à realização dos actos necessários à avaliação fiscal ou à determinação do coeficiente de conservação do prédio (art. 36-3 do novo RAU): embora o termo "designadamente" signifique, em português, quer "isto é", quer "particularmente" ou "de modo especial", é no segundo sentido que a sua utilização hoje normalmente se faz e é nesse sentido que manifestamente é utilizado, tanto no n.º 4 como no n.º 2 do art. 1083 CC. Mas, vendo bem, os exemplos dados são mais do que isso, correspondendo a uma **tipificação** de casos em que o direito à resolução não carece de outras indagações: os actos descritos são suficientemente graves e a inexigibilidade da continuação do arrendamento está *in re ipsa*[8]. Em todos os outros casos é que funciona plenamente a cláusula geral e, portanto, há que verificar a inexigibilidade da manutenção do contrato. A **intervenção judicial** é necessária para fazer valer a resolução (art. 1084-2 CC), a não ser nos casos do art. 1083-3 CC (art. 1084-1 CC), em que basta a **comunicação ao inquilino** adiante referida (n.º 3, ponto 4).

O direito de **denúncia** é concedido ao senhorio de prédio arrendado para habitação em dois casos (**necessidade de habitação** e **obras**) carecidos da **intervenção judicial** (art. 1103-1 CC); mas pode também sempre ter lugar mediante **comunicação ao arrendatário com 5 anos de antecedência** (art. 1101 CC) e então já dela não carece (carece, sim, de confirmação a fazer entre

---

[7] "A violação reiterada e grave de regras de higiene, de sossego, de boa vizinhança ou de normas constantes do regulamento do condomínio"; "a utilização do prédio contrária à lei, aos bons costumes ou à ordem pública"; "o uso do prédio para fim diverso daquele a que se destina"; "o não uso do [prédio] locado por mais de um ano, salvo nos casos previstos no n.º 2 do artigo 172.º"; "a cessão, total ou parcial, temporária ou permanente e onerosa ou gratuita, quando ilícita, inválida ou ineficaz perante o senhorio"; a "mora superior a três meses no pagamento da renda, encargos ou despesas"; a "oposição pelo arrendatário à realização de obra ordenada por autoridade pública". Nos casos do art. 1083-3 CC (falta de pagamento de renda e oposição a obra ordenada), a resolução, extrajudicial, não terá lugar se o arrendatário puser termo à mora ou à oposição no prazo de 3 meses, contado da notificação.

[8] Apenas no caso da alínea a) do art. 1083-2 CC se exige uma "violação reiterada e grave".

15 e 12 meses antes do termo do prazo: art. 1104 CC), surtindo o seu efeito extrajudicialmente (ver adiante n.º 3, ponto 3).

No regime anterior, a acção de despejo era ainda necessária quando o arrendamento se extinguia por **caducidade** e o imóvel não era restituído ao senhorio. E isso acontecia, inclusivamente, no caso em que, morto o arrendatário, alguém ficava a habitar o prédio e recusava a restituição. No novo regime, quando a caducidade resulte do **decurso dum prazo**, pode, como a seguir se diz (n.º 3, pontos 1 e 2), seguir-se a execução, sem necessidade da sentença proferida em acção declarativa; mas, quando resulte de **outro fundamento** (falecimento do arrendatário incluído), há que obter sentença que forme título executivo, por não haver norma que atribua força executiva a um documento que dela prescinda. Só que essa sentença obtém-se em **acção de simples apreciação** e não em acção (constitutiva) de despejo: nela verificará o juiz se o direito ao arrendamento efectivamente se extinguiu ou, por ocorrer caso de transmissão, se mantém, na titularidade de outrem, por força do art. 1106 CC. De qualquer modo, por não haver título executivo, o senhorio terá de o obter e a acção declarativa é indispensável.

3. Pressupostos da acção executiva

A sentença proferida na acção de despejo e a proferida em acção de mera apreciação constituem **títulos executivos judiciais próprios**, com base nos quais a execução para entrega de coisa certa pode ser instaurada. Constitui também título executivo judicial, mas agora **impróprio**[9], a certidão, extraída do processo da acção declarativa de despejo, de que resulte que o arrendatário deixou de pagar a renda por período superior a 3 meses e, notificado para fazer o seu pagamento ou depósito, não o fez, comprovadamente, em 10 dias (art. 14-5 do novo RAU).

Deve-se à nova lei a criação de **títulos extrajudiciais**, que, nos casos constantes do art. 15 do novo RAU, servem de base à execução de despejo, aliás execução comum para entrega de coisa certa, dispensando a (como vimos, anteriormente necessária) sentença declarativa. São os seguintes os casos previstos:

1. Caducidade do arrendamento por decurso do prazo contratual, conforme o art. 1051-1-a CC. Diz a alínea b) do art. 15 que serve de base à execução o "contrato" onde tal prazo se encontra fixado, quando a relação de arrendamento **não** seja **renovável** por o contrato ter sido cele-

---

[9] Ver, sobre este conceito, a minha **Acção executiva**, 3.6.1.

brado para habitação não permanente ou para fim especial transitório (cf. art. 1095-3 CC). Mais rigorosamente, sendo o título executivo um documento[10], o que serve de base à execução é o **documento**, particular ou autêntico, **que formaliza o contrato**.

2. **Oposição à renovação**, nos termos do art. 1054 CC. Sendo a relação de arrendamento **renovável**, a oposição do senhorio, a efectuar nos prazos do art. 1055 CC ou, sendo o arrendamento para habitação, no prazo de 1 ano do art. 1097 CC, é necessária para que a caducidade opere. Não basta então o simples decurso do prazo: é preciso também esta **comunicação**, a efectuar por escrito, nos termos do art. 9-1 RAU (carta registada com aviso de recepção, que, a scr devolvida, será seguida de outra, cuja recepção não é indispensável, verificados os requisitos dos n.os 3 e 4 do art. 10 do novo RAU)[11-12]. Os **documentos do contrato e da comunicação** constituem o título executivo. Lamentável é que o legislador não se tenha mantido fiel à terminologia do Código Civil e, levianamente, tenha substituído o termo "denúncia" por "oposição à renovação", sem meditar no desfasamento terminológico que, independentemente do mérito da nova expressão, assim introduziu no âmbito do código[13].

3. **Denúncia**, quando para ela baste a comunicação do senhorio ao arrendatário; é o caso, como vimos, da denúncia arbitrária do contrato de arrendamento para habitação de duração indeterminada, a fazer com a antecedência de 5 anos (art. 1101-c CC). Esta comunicação é feita nos mesmos termos da de oposição à renovação. Os **documentos do arrendamento e da comunicação** constituem o título executivo.

---

[10] Remeto para a minha **Acção executiva**, 3.7.1, onde dou conta da polémica que outrora opôs os defensores da natureza documental do título executivo aos que nele viam um acto jurídico. Fora o caso da sentença, o entendimento do título executivo como documento é mais adequado. No art. 15 do novo RAU, documentos e actos documentados surgem misturados, sem critério defensável. Facilmente se vê que contrato de arrendamento está aí sempre por documento que formaliza o arrendamento, tanto assim que, sendo o contrato verbal e celebrado na vigência da lei anterior (que, neste caso, considerava o contrato de arrendamento provado mediante a exibição do recibo de renda: art. 7-2 RAU), há contrato, mas não título executivo, o mesmo acontecendo nos casos em que, no novo regime, é admitida a celebração de contrato verbal (cf. art. 1069 CC).

[11] Ver também o restante conteúdo dos arts. 9 a 12 do novo RAU.

[12] Os restantes fundamentos de caducidade constantes do art. 1051 CC têm, como se deixou dito, de ser verificados em acção declarativa de mera apreciação.

[13] Lamentável também é que a lei tenha passado a utilizar o particípio passado/adjectivo "locado" para significar o "local arrendado" ou a "coisa objecto da locação". O (incorrecto) uso forense desse termo não justifica esta consagração legislativa, totalmente despreocupada perante as regras da gramática portuguesa.

4. Resolução, quando para ela baste a comunicação ao inquilino; é o caso, como vimos, da mora superior a 3 meses no pagamento de renda[14], encargo ou despesa, ou de oposição do arrendatário à realização de obra ordenada por autoridade pública, passados mais três meses sem a falta ser sanada (art. 1083-3 CC e art. 1084 CC, n.ᵒˢ 3 e 4). A comunicação reveste, neste caso, a forma de notificação judicial avulsa ou "contacto pessoal"[15] de advogado, solicitador ou solicitador de execução com o arrendatário, que terá de assinar o original da comunicação, de que lhe é entregue cópia (art. 9-7 do novo RAU). O título executivo é, de novo, constituído pelos **documentos do contrato e da comunicação**, mais, no caso da oposição a obra ordenada, um documento emitido pela autoridade competente atestando-a (art. 15-e do novo RAU). Não deixa de ser estranha a exigência deste último documento, quando não é a autoridade que ordena a obra que tem a seu cargo executá-la: a exigência tem de ser restritivamente interpretada, espero que de tal modo que acabe por quase não se aplicar.

5. Denúncia pelo arrendatário, nos casos dos arts. 37-5 e 43-5 do novo RAU. Trata-se de denúncia motivada pela pretensão de aumento de renda, antes (art. 37-5) ou depois (art. 43-5) da sua fixação pelos serviços fiscais. O título executivo é constituído pelo **documento da comunicação** feita pelo senhorio mais o **documento de resposta** do arrendatário (art. 15-1-f do novo RAU). Estes documentos têm, tal como os de denúncia e da agora chamada oposição à renovação, a forma exigida pelo art. 9-1 do novo RAU.

6. Revogação por acordo, nos termos do art. 1082 CC (art. 15-1-a do novo RAU). Constitui título executivo o **documento de revogação** do contrato de arrendamento.

4. ESPECIALIDADES DA EXECUÇÃO

A acção executiva segue, como disse, os termos do processo comum da execução para entrega de coisa certa. Mas há algumas especialidades, que constam, desde o novo RAU, dos arts. 930-B CPC a 930-D CPC.

---

[14] A falta de pagamento de renda, quando não seja excedido o período de 3 meses, fundará acção declarativa de despejo, na qual se obterá o título executivo.

[15] Dualidade algo incompreensível: a notificação judicial avulsa, que aliás também pode ser feita por solicitador de execução, é feita também sempre por contacto pessoal, embora, por aplicação analógica do art. 239 CPC, n.ᵒˢ 4 e 8, dispense a assinatura do notificando quando ele se recuse a assinar ou não saiba ou não possa fazê-lo.

Em primeiro lugar, além do caso em que a execução se funde em título executivo extrajudicial[16] e haja oposição do executado (art. 930-B-1-a CPC), suspende a execução o pedido de diferimento da desocupação do local arrendado para habitação, motivada pela cessação do contrato (art. 930-B-1-b CPC). Mantêm-se, por outro lado, os casos de suspensão provisória da execução que constavam do RAU, com regulamentação muito semelhante (art. 930-B CPC, n.os 2 a 6).

Em segundo lugar, o diferimento da desocupação, a pedir dentro do prazo de oposição à execução (art. 930-C-1 CPC), tem lugar, segundo o prudente arbítrio do tribunal, nos casos do art. 930-C-2 CPC:

– quando a desocupação imediata cause ao executado prejuízo muito superior à vantagem do exequente (o que, evidentemente, dificilmente deixará de se verificar e é atenuado com a possibilidade de ser exigida ao executado que caucione o pagamento das rendas vincendas: art. 930-C-3-a CPC);
– quando a falta de pagamento de renda se deva a carência de meios do executado (caso em que o exequente é indemnizado[17] pelo Fundo de Socorro Social do Instituto de Gestão Financeira da Segurança Social: art. 930-C-3-b CPC);
– deficiência que dê ao executado incapacidade superior a 60%.

Diga-se que não se percebe o que fazem as "razões sociais imperiosas" no art. 930-C-1 CPC (bem como no art. 930-D-4 CPC). É um conceito vago e, por isso, ambíguo. É um conceito supérfluo, visto que, ao que parece, as razões "sociais" são sempre algumas das enunciadas no n.º 2. É um conceito incorrecto, porque afinal o "social" respeita apenas à pessoa do arrendatário.

O diferimento não pode exceder o período de 10 meses, a contar do trânsito em julgado da decisão que o conceder (art. 930-D-5). É demais, se pensarmos nos casos em que a execução foi precedida duma acção declarativa, longa e presumivelmente preenchida de recursos com efeito suspensivo. Sobretudo no caso do desequilíbrio prejuízo/vantagem (a verificar com os critérios do art. 930-D-3 CPC), em que a caução das rendas vincendas pode não ser ordenada, mais uma vez se reincide na protecção do arrendatário à custa do senhorio, em nome dum direito à habitação que só ao Estado cabe constitucionalmente assegurar.

---

[16] Será que neste conceito se pretendeu incluir o título executivo judicial impróprio? E será que se teve em conta a aplicabilidade do art. 818-1 CPC (prestação de caução)? E porquê o desfasamento com o regime da acção executiva para pagamento de quantia certa?

[17] Com que prontidão?

O Regime Transitório no Novo Regime do Arrendamento Urbano

Elsa Sequeira Santos[*]

I. Introdução

O arrendamento urbano é uma área do Direito em que é notável a instabilidade legislativa. Podemos mesmo afirmar que é uma instabilidade que contrasta com a tendencial estabilidade do Direito Civil Patrimonial, ramo jurídico em que se insere, beneficiário de uma sedimentação propiciada pelas raízes jusromanísticas. Os motivos de tal instabilidade são, no entanto, de todos conhecidos. Tratando o arrendamento urbano das relações entre quem é titular do bem e quem o utiliza para as suas necessidades, e sendo essas necessidades tão relevantes quanto a habitação e o trabalho, estamos em campo fértil para desenvolver a propósito do arrendamento toda a espécie de manifestações da "luta de classes", com o "capital" representado pelo senhorio e o "trabalho" pelo inquilino. Sendo que tal associação, mesmo para quem aceite esses termos e os considere operativos, ao invés de ajudar a regular o instituto, mais o confunde, nomeadamente, é corrente ouvir-se que os senhorios, fruto do congelamento das rendas, estão descapitalizados... Por outras palavras, a instabilidade legislativa do arrendamento deve-se a factores político-ideológicos, e não a alguma especial complexidade técnico-jurídica. Sendo que esta acaba por ocorrer, consequência e não causa da aludida instabilidade.

De especial relevo, nesta matéria, é a complexa disciplina da sucessão das leis no tempo, pois o arrendamento, sendo por natureza um contrato duradouro, é especialmente afectado por alterações legislativas frequentes.

Mais uma vez, não se trata de um problema de especial dificuldade a nível teórico-jurídico, pois, em tese, bastaria o artigo 12.º, n.º 2, do Código Civil para lhe dar solução. No entanto, a complexa realidade social subjacente ao instituto impede que o problema se resolva de forma tão asséptica.

---

[*] Assistente da Faculdade de Direito da Universidade de Lisboa.

A mais recente reforma da lei que rege o arrendamento, a Lei 6/2006, de 27 de Fevereiro (Novo Regime do arrendamento Urbano, adiante designado por NRAU) é bem reflexo do que ficou dito, uma vez que dedica parte considerável dos seus preceitos à matéria da sucessão de leis e regime transitório. Assim, o Título II da Lei, compreendendo os artigos 26.º a 58.º, tem por epígrafe «Normas transitórias», e o Título III, dedicado às «Normas Finais», dedica os seus primeiros 3 artigos (59.º a 61.º) à matéria da sucessão de regimes.

Ao estudo dessas normas dedicaremos o presente escrito.

II. Sucessão de Leis

Perante a nova lei, uma das dúvidas iniciais do destinatário consistirá em saber a que contratos se irá ela aplicar. Em abstracto, duas soluções poderiam existir: a nova lei aplicar-se só aos contratos celebrados após a sua entrada em vigor, continuando a vigorar para os contratos já existentes o regime anterior, ou a nova lei ser aplicável mesmo aos contratos preexistentes. O artigo 59.º do NRAU[1], que tem por epígrafe «Aplicação no tempo», dá resposta a esta questão, no seu n.º 1, mandando aplicar o NRAU "aos contratos celebrados após a sua entrada em vigor, bem como às relações contratuais constituídas que subsistam nessa data". Esta solução mais não faz do que seguir o disposto no Código Civil a propósito da sucessão de leis no tempo, e em nada deverá admirar o intérprete. Não se trata, pois, de consagrar qualquer tipo de retroactividade, uma vez que se salvaguardam os efeitos produzidos ao abrigo da lei anterior.

Uma tal solução tem, certamente, vantagens e inconvenientes. Como inconveniente poderá apontar-se a necessidade de as partes nos contratos anteriores se inteirarem do novo regime a que ficam sujeitas, e de se adaptarem a regras que, por vezes, são consideravelmente distintas daquelas com que contavam quando celebraram o contrato[2]. Um outro inconveniente, porventura de maior vulto, prende-se com a necessidade de se criar um mais complexo regime transitório, pois, como veremos, a regra de que a nova lei se aplica aos contratos já vigentes tem como ressalva importante a existência de

---

[1] Pertencem à Lei 6/2006, de 27 de Fevereiro, os artigos que se vierem a referir sem outra indicação.

[2] Nos contratos anteriores ao RAU (DL 321-B/90, de 15 de Outubro) tal adaptação já não constituirá facto inédito, pois que também o RAU se veio aplicar aos contratos preexistentes.

um conjunto de normas destinadas a efectuar a transição entre regimes de forma adequada. Quanto a vantagens, apontamos a maior racionalidade do sistema, pois situações materialmente idênticas poderão ser tratadas da mesma forma. São aqui especialmente relevantes algumas matérias relativas à cessação do contrato, nomeadamente a cessação por resolução[3]. Tome-se o seguinte exemplo: um inquilino tem um cão, cujo ladrar incessante perturba consideravelmente os restantes habitantes do prédio. Poderá tal facto ser gerador de despejo? À luz do direito anterior a resposta seria negativa, pois tal facto não se enquadrava na tipologia taxativa de causas de resolução. À luz do presente direito, poderá ser motivo de resolução, ao abrigo do disposto na alínea a) do n.º 2 do artigo 1083.º do Código Civil. Seria deveras estranho que, consoante a data de celebração dos respectivos contratos de arrendamento, uns inquilinos pudessem ser objecto de despejo enquanto os outros podiam deixar os seus animais incomodar a vizinhança sem receio.

Perante esta opção legislativa, são as normas substantivas constantes (novamente) do Código Civil que regem todos os contratos de arrendamento, independentemente da sua data de celebração. Esta regra sofre, contudo, os seguintes desvios:

- A existência de disposição diversa no conjunto de normas transitórias, nos temos do n.º 1, *in fine*, do artigo 59.º (casos que desenvolveremos *infra*).
- A não aplicação da norma que apenas ao fim de três anos de duração do contrato atribui ao arrendatário o direito de preferência na aquisição do locado, quando tal direito já se tivesse constituído ao abrigo da legislação anterior (situação específica tratada pelo n.º 2 do artigo 59.º, com o fito de salvaguardar direitos adquiridos).
- A não aplicação aos contratos anteriores de normas supletivas opostas a normas supletivas vigentes aquando da sua celebração. Com efeito, não sendo afastadas, as normas supletivas integram-se no conteúdo dos

---

[3] Merecem também referência as normas de direito adjectivo. Uma importante inovação do NRAU consiste na criação de um conjunto de títulos executivos para acção de entrega da coisa arrendada. Mal se compreenderia que a vantagem que tal inovação constitui para o senhorio (e para a população em geral, ao libertar os tribunais de acções declarativas inúteis) se limitasse aos novos contratos. No entanto, sempre se poderiam aplicar os aspectos adjectivos imediatamente aos contratos antigos, continuando estes a reger-se, substantivamente, pelo direito anterior, motivo pelo qual este ponto não se insere, necessariamente, nos termos da discussão. O mesmo se diga, *mutatis mutandis*, em relação ao conjunto de regras procedimentais atinentes às comunicações entre as partes (artigos 9.º a 12.º NRAU) e à consignação em depósito (artigos 17.º a 23.º).

contratos, resultando a submissão ao seu regime da vontade dos contratantes. Mal se compreenderia que tal regime, querido pelas partes, viesse a ser alterado por força da criação de novas normas, também elas sem carácter imperativo. Esta solução traduz a intenção de o legislador pretender preservar o conteúdo contratual preexistente, quando tal não colida com os princípios subjacentes ao sistema[4].

III. O ARTIGO 26.º DO NRAU

Do artigo 26.º do NRAU, artigo que abre o título relativo ao regime transitório, constam as regras essenciais da disciplina da sucessão de leis no tempo, consistindo este preceito numa verdadeira pedra de toque do sistema.

Este dispositivo aplica-se a todos os contratos anteriores ao NRAU, pois, apesar de o seu n.º 1 o mandar aplicar apenas aos contratos celebrados na vigência do RAU, o artigo 28.º estende a sua aplicação aos contratos celebrados antes dessa vigência, com as necessárias adaptações. Embora o n.º 1 do artigo 26.º refira simplesmente a entrada em vigor do RAU, o confronto com a epígrafe do capítulo onde se insere, e do qual constitui o único preceito, permite a conclusão de o preceito pretender aplicar-se aos contratos habitacionais celebrados na vigência do RAU e aos contratos não habitacionais celebrados depois do Decreto-Lei n.º 257/95, de 30 de Setembro.

O Decreto-Lei n.º 257/95, de 30 de Setembro, foi o diploma que veio estender aos contratos celebrados para fins não habitacionais a possibilidade de serem celebrados com duração limitada, possibilidade essa que, na versão inicial do RAU, apenas era concedida aos arrendamentos habitacionais. A relação que o NRAU estabelece entre a possibilidade de o contrato ser feito com

---

[4] Em nossa opinião, nesta norma pode ser buscada a resposta para uma questão que tem sido suscitada a propósito da aplicação das novas regras relativas aos contratos de duração indeterminada aos anteriores contratos vinculísticos. Concretamente, trata-se de saber se, perante um contrato vinculístico em que, no interesse do senhorio, se estabeleceu uma duração longa para o contrato (por exemplo, um fundo de investimento imobiliário que pretende garantir as rendas por largos anos), se aplicará a norma que permite ao inquilino desvincular-se mediante um pré-aviso de 120 dias – artigo 1100.º, n.º 1. Tudo dependerá do fim do contrato. Se for para habitação, a norma referida é imperativa, pelo que se impõe mesmo aos contratos antigos. Sendo para fim não habitacional, tal norma é supletiva, nos termos do artigo 1110.º, pelo que não se sobrepõe a normas supletivas anteriores. Por maioria de razão, atenta a finalidade do preceito de salvaguardar as expectativas das partes, também não se deverá sobrepor à regulação que estas expressamente consagraram.

duração limitada e o regime transitório aplicável é simples de justificar. Com efeito, a necessidade de adequar os contratos antigos ao novo regime, nomeadamente actualizando as rendas respectivas, explica-se pela sua tendencial perpetuidade. A partir do momento em que o senhorio pôde celebrar contratos com duração limitada essa perpetuidade deixou de existir, pelo que inexiste a necessidade daquela adequação. A desnecessidade de um tal regime explica que o artigo 26.º esgote o regime transitório destes contratos, enquanto que, para os contratos anteriores (a que chamaremos de pretérito) a regulamentação é extensa e complexa.

O artigo 26.º condensa, pois, os elementos comuns a todos os contratos pré-NRAU, e visa, por um lado, a transição entre regimes jurídicos e, por outro, o estabelecimento de regras especiais verdadeiramente transitórias, no sentido em que são distintas quer das constantes do RAU quer das constantes do NRAU (é o que se passa com o regime da transmissão por morte, a que dedicaremos adiante parte da nossa exposição).

Em relação à transição entre regimes, o esquema essencial é o seguinte: os contratos com duração limitada passam a reger-se pelas normas aplicáveis aos contratos com prazo certo; os contratos vinculísticos, a que, à falta de melhor termo, se chamou "sem duração limitada", passam a reger-se pelas normas aplicáveis aos contratos de duração indeterminada. Tal resulta da proximidade estrutural entre os antigos e os novos tipos contratuais, pois os contratos vinculísticos, sendo nominalmente celebrados por prazo certo, na prática eram de duração indeterminada, uma vez que o senhorio lhes não podia pôr cobro no final do prazo.

Dada a referida proximidade estrutural, pouco há a regular. Assim, em relação aos contratos com duração limitada, o artigo 26.º, no seu n.º 3, limita-se a dizer que se renovarão automaticamente, nos mesmos termos em que o fariam caso nenhuma alteração legislativa tivesse ocorrido. Mais uma vez se manifesta a intenção de preservação dos contratos preexistentes, nos moldes esperados pelas partes. À luz dessa intenção entendemos que a boa interpretação do preceito levará a concluir que a sua parte final, ao estatuir a renovação por um período de cinco anos no caso de arrendamento para fim não habitacional, deve ser interpretada restritivamente, no sentido de só se aplicar quando as partes não tenham disposto em sentido diverso. Com efeito, a renovação por novo período de cinco anos, no caso de arrendamento para fim não habitacional, corresponde à regra supletiva existente no RAU, e nenhum motivo divisamos para pretender que tal norma supletiva tenha passado a ser imperativa.

Em relação aos contratos sem duração limitada, a regra da sua sujeição ao novo regime comporta importantes excepções, destinadas a atenuar o impacto social que tal sujeição produziria nas situações de pretérito. Assim, nos termos da alínea a) do n.º 4 do artigo 26.º, mantém-se em vigor o artigo107.º do RAU, o qual limita o direito de denúncia do contrato nos casos em que o inquilino tenha uma posição de especial fragilidade (por idade, invalidez ou deficiência) ou tenha a posição de arrendatário há 30 ou mais anos. Apesar de o artigo 26.º não o referir, propendemos para a opinião de que também o artigo 108.º do RAU se mantém em vigor. Com efeito, este preceito complementa a regulação do anterior e as razões que levaram o legislador a manter o artigo 107.º – a protecção das expectativas do arrendatário – não devem conduzir a mais do que a manutenção dos seus direitos. Defender a revogação do artigo 108.º do RAU equivale a dizer que, à face da nova lei, o senhorio tem ainda mais limitações ao direito de denúncia, enquanto a posição do inquilino mais se reforça, o que é claramente contrário à orientação anti-vinculista da reforma.

Outro desvio à aplicação do NRAU, constante da alínea b) do n.º 4 do artigo 26.º, prende-se com o cálculo da indemnização devida ao arrendatário em caso de denúncia do contrato. O artigo 1102.º do Código Civil calcula a indemnização com base no valor da renda. Ora, perante contratos antigos, em que o valor da renda se encontra, na maioria das vezes, fortemente degradado, tal forma de cálculo levaria a montantes de indemnização irrisórios. Para obstar a esse resultado, manda-se calcular a indemnização tendo por base o valor de uma renda actualizada, nos moldes em que o NRAU prevê a actualização das rendas antigas.

Por fim, a alínea c) do n.º 4 do artigo 26.º estabelece aquela que é, indubitavelmente, a mais importante excepção à submissão ao novo regime, ao mandar desaplicar a alínea c) do artigo 1101.º do Código Civil. A norma desaplicada é a que permite ao senhorio, no caso de arrendamento com duração indeterminada, denunciar injustificadamente o arrendamento, mediante um pré-aviso de cinco anos. Perante esta excepção, os contratos de pretérito, mais do que de duração indeterminada, continuam a ser tendencialmente perpétuos, pois o senhorio só em casos excepcionais os poderá denunciar. Não sendo desejável que tais contratos persistam eternamente, o sistema do NRAU elege como modo de tais contratos virem a terminar a caducidade por morte do arrendatário, uma vez que se limita em muito, como abaixo veremos, a possibilidade de transmissão *mortis causa*. Nos casos em que tal transmissão venha a ocorrer, ela terá como efeito a perda da protecção oferecida pelas alíneas a) e b) do n.º 4 do artigo 26.º, isto nos termos do n.º 5 do mesmo preceito.

Em relação aos contratos para fins não habitacionais, além de, na maioria das situações, se lhes pôr término em caso de morte do arrendatário, o n.º 6 do artigo 26.º prevê para algumas situações a possibilidade da sua denúncia injustificada mediante um pré-aviso de cinco anos, nos termos gerais. Tal possibilidade, à partida afastada pela alínea c) do n.º 4, renascerá no caso de ocorrer alteração do arrendatário. Essa alteração pode resultar de trespasse ou locação do estabelecimento, caso em que há uma verdadeira substituição da pessoa do inquilino, mas pode resultar também, no caso de pessoa colectiva, de alteração da titularidade das participações sociais, caso em que a pessoa titular do arrendamento não sofre alteração. A protecção contra a denúncia do contrato, se se justifica face a um inquilino que fundou a sua actividade na expectativa de duração ilimitada do seu arrendamento, não faz sentido perante um novo interveniente, que entra na relação contratual já ao abrigo da nova lei, pelo que se deverá sujeitar este às novas regras, já por si conhecidas e aceites. Esta solução legal, no dizer de muitos, ditou a morte do trespasse. No nosso entender, o que viu o seu fim foram os falsos trespasses, em que o que se transaccionava era a chave do local arrendado, com a consequente renda baixa, e não um estabelecimento a funcionar e dotado de real valor. Pela morte destes trespasses nenhumas lágrimas haverá que verter. Já os verdadeiros trespasses, em que se pretende transaccionar um estabelecimento efectivo, obrigarão, doravante, a que o novo arrendatário que não pretenda estar sujeito a uma denúncia injustificada a cinco anos de distância entre em negociação com o senhorio. Normalmente, o proprietário estará interessado em ter um inquilino, desde que as condições do arrendamento sejam por si consideradas convenientes, pelo que se prevê que os trespasses de estabelecimentos instalados em locais com arrendamentos vinculísticos passem a ser negócios com três intervenientes, em que o inquilino inicial recebe o valor criado pelo estabelecimento e o proprietário recebe a justa retribuição pela cedência do gozo do imóvel.

IV. OS CONTRATOS DE PRETÉRITO

O artigo 26.º, que deixámos analisado, esgota o regime transitório no que tange aos contratos mais recentes. Já em relação aos contratos de pretérito este regime tem ainda dois aspectos a considerar: o regime especial de benfeitorias e a actualização da renda.

1. As benfeitorias

O artigo 29.º é dedicado ao tratamento jurídico das benfeitorias. O seu n.º 1.º reproduz o teor do n.º 5 do artigo 1074.º do Código Civil, pelo que nada de novo nos traz. São, portanto, os números seguintes que justificam a existência do preceito. Esta matéria careceu de tratamento em sede de regime transitório para melhor fazer face à protecção das expectativas dos sujeitos, nomeadamente dos inquilinos. Aquando da celebração dos contratos vinculísticos era prática corrente a inclusão de cláusula segundo a qual o inquilino renunciava a compensação por quaisquer benfeitorias que tivesse efectuado. Tal cláusula era razoável atendendo à economia do contrato: o inquilino, dono da duração do contrato, poderia investir no melhoramento do bem arrendado, pois tal investimento, ainda que não tivesse retorno no fim do arrendamento, era compensado pelo melhor gozo da coisa ao longo de um período considerável. O novo regime veio alterar a economia contratual, ao criar condições para que o contrato termine em data anterior à antevista pelo arrendatário, data essa em que o investimento em benfeitorias poderá ainda não estar devidamente "amortizado". Por este motivo, o artigo 29.º vem derrogar a cláusula contratual, operando quase como uma modificação do contrato por alteração das circunstâncias.

2. A actualização das rendas

É de todos sabido que o principal problema do arrendamento é o baixo valor das rendas resultante de décadas de congelamento, recebendo a lei relativa a este contrato, amiúde, o epíteto de "lei das rendas". Com o intuito de dar resposta ao problema indicado, o NRAU dedica a maioria dos preceitos do regime transitório à matéria da actualização das rendas (artigos 30.º a 56.º). Não cabe no presente escrito a análise exaustiva deste tema, pois o que aqui se pretende é apresentar o enquadramento geral do regime transitório, e o tema da actualização das rendas, só por si, exigiria um tratamento de enorme extensão. Contudo, não deixaremos de indicar as linhas mestras do sistema de actualização.

A actualização das rendas antigas abrange quer os arrendamentos para habitação quer os arrendamentos não habitacionais, sendo semelhantes, no essencial, as normas aplicáveis a um e a outro caso. O sistema de actualização baseia-se numa fórmula imposta por lei, pelo que as partes não são livres de determinar o valor da nova renda. Dizendo melhor, a lei permite ao senhorio o aumento da renda sem o acordo do inquilino, fixando um valor para a nova renda, a que o inquilino não se poderá opor. Naturalmente, as partes poderão, por acordo, fixar um qualquer outro montante. A actualização da renda depende de iniciativa do senhorio. Na falta dessa iniciativa, mantém-se a renda anterior, apenas actualizada anualmente em função da inflação, nos termos gerais.

A fórmula da lei faz depender o valor da renda do valor do imóvel, o que bem se compreende. Nesses termos, a renda anual corresponderá a 4% do valor do locado.

Para encontrar o valor do imóvel é necessário tomar dois factores em consideração: o valor resultante da avaliação do imóvel para efeitos fiscais e o coeficiente de conservação. A revisão do regime de tributação do património imobiliário criou um sistema de avaliação de imóveis para efeito de Imposto Municipal sobre Imóveis (IMI) que produz resultados muito mais aproximados dos valores de mercado do que os que anteriormente se aplicavam em sede de contribuição autárquica, pelo que oferece uma boa base para o sistema usado pelo NRAU. Esses resultados, porém, não reflectem suficientemente o estado de conservação dos imóveis, factor muito relevante em questões de arrendamento. Com efeito, dois imóveis com a mesma localização e a mesma área terão resultados de avaliação fiscal muito semelhantes, ainda que um deles esteja em estado avançado de degradação enquanto o outro está perfeitamente conservado.

Para corrigir este problema, há que determinar o nível de conservação do locado, sendo a variação possível entre o nível 1, a que corresponde o estado de conservação *péssimo*, e o nível 5, correspondente a *excelente*. A cada nível corresponde um coeficiente de conservação, nos termos do artigo 33.º, coeficiente esse que é tanto mais elevado quanto melhor for o estado de conservação e que haverá que multiplicar pelo valor da avaliação fiscal. A determinação do nível de conservação tem ainda outra consequência fundamental: tratando-se de arrendamento para habitação[5], não é possível a actualização da renda no caso de o nível de conservação ser 1 (péssimo) ou 2 (mau)[6]. A determinação do coeficiente de conservação é competência da Comissão Arbitral Municipal (CAM), e funda-se numa vistoria a efectuar por técnico qualificado com base numa ficha de avaliação, nos termos da Portaria 1192--B/2006, de 3 de Novembro[7].

---

[5] Sendo o arrendamento não habitacional haverá que apurar, ainda assim, o nível de conservação, mas tal avaliação só se repercute no valor da renda a pagar.

[6] O senhorio que não esteja seguro de que o resultado da determinação do nível de conservação lhe permitirá a actualização da renda beneficiará em requerer essa determinação antes de solicitar a avaliação fiscal do prédio, quando dela necessite, pois em caso de não poder aumentar a renda não se sujeita imediatamente ao pagamento de IMI pelo valor resultante de uma avaliação recente.

[7] Quando o senhorio entenda que o locado se encontra em estado de conservação bom ou excelente é possível dispensar a determinação do nível de conservação, nos termos do artigo 7.º do DL 156/2006, de 8 de Agosto.

A nova renda é o resultado da seguinte fórmula[8]:

$$R = VPT \times CC \times 4\%$$

Em que:
- R – Renda Anual
- VPT – Valor Patrimonial Tributário
- CC – Coeficiente de Conservação

Para obter o valor da renda mensal, bastará a divisão da renda anual por 12.

Conhecido o valor da nova renda, cabe perguntar a partir de quando será ela devida.

Na maioria das situações a nova renda não será exigível de imediato, pois o arrendatário beneficiará de um período de faseamento, por forma a atenuar o impacto da nova renda e a lhe dar tempo de reorganizar a sua vida. O faseamento comum será em 5 anos, podendo ser alargado para 10 anos nos casos em que se entendeu que o inquilino deve merecer maior protecção (para o arrendamento habitacional, os casos previstos no n.º 3 do artigo 37.º, para o arrendamento não habitacional, os casos previstos no n.º 2 do artigo 53.º). Em relação ao arrendamento para habitação, o faseamento pode ser em dois anos, quando o agregado familiar do arrendatário tenha uma situação de grande desafogo económico ou quando o locado não seja a residência permanente do inquilino. Sendo o arrendamento para fim não habitacional pode não haver lugar a qualquer faseamento, o que acontecerá no caso de o locado estar sem uso ou de haver mudança de arrendatário. Existindo faseamento da actualização da renda, o valor de IMI a pagar durante o período desse faseamento é também faseado, correspondendo o encargo à proporção do rendimento obtido.

---

[8] Por aplicação do artigo 27.º do DL 157/2006, de 8 de Agosto (Regime Jurídico das Obras em Prédios Arrendados), esta fórmula pode ser alterada no caso de o senhorio proceder a obras na totalidade do prédio das quais resulte um nível de conservação *bom* ou *excelente*. A alteração traduz-se na substituição do VPT pelo VPC (Valor Patrimonial Corrigido), consistindo este no valor da avaliação fiscal sem consideração do coeficiente de vetustez. Com esta alteração premeia-se a reabilitação do prédio, a qual permite ao senhorio receber pelo prédio antigo renda equivalente à que receberia por um prédio novo.

V. A TRANSMISSÃO POR MORTE

O RAU dedicava à matéria da transmissão do direito do arrendatário habitacional a Secção III, a qual compreendia os artigos 83.º a 89.º-D. Após tratar esta matéria, o RAU destinava a Secção IV ao direito a novo arrendamento, direito esse que existia como consequência da morte do arrendatário habitacional, nos casos em que não existisse transmissão da posição contratual. A Secção IV abrangia os artigos 90.º a 96.º. Em relação ao arrendamento para comércio ou indústria regia o artigo 112.º, aplicável ainda, por remissão do artigo 121.º, ao arrendamento para o exercício de profissões liberais.

A mera referência aos preceitos acima enunciados permite chegar a uma conclusão: o regime de transmissão por morte nos arrendamentos habitacionais era, no RAU, um regime extremamente complexo. Pretendia garantir-se um difícil equilíbrio entre o direito à habitação dos familiares do arrendatário e o interesse que o proprietário terá, na maioria das vezes, em ver terminado o arrendamento do seu prédio. No arrendamento não habitacional previa-se um ampla transmissibilidade do arrendamento.

O NRAU operou o retorno ao Código Civil da matéria do arrendamento. Como tal, o cerne das questões arrendatícias, onde se inclui, naturalmente, a transmissão *mortis causa* do contrato, passou a estar ali tratado. O tema consome dois artigos: o 1106.º e o 1107.º. Circunscrito a dois preceitos, imediatamente ressalta que o novo regime é muito mais simples. É alargado o número de beneficiários da transmissão, que passa a dar-se em relação ao cônjuge do arrendatário e em relação a qualquer pessoa que com o arrendatário habitasse há mais de um ano[9].

Em relação ao arrendamento para fins não habitacionais, constata-se que não há mudanças significativas. A regra continua a ser a da transmissibilidade para os sucessores, de acordo com o comum direito sucessório.

O artigo 57.º trata a transmissão por morte do arrendamento habitacional. O regime deste artigo, em comparação com o que será aplicável aos contratos celebrados ao abrigo do NRAU, é muito mais restritivo da possibilidade de transmissão do arrendamento. Essa transmissão só ocorre dentro do mais estreito núcleo familiar: cônjuge ou pessoa que vivesse com o arrendatário em união de facto, ascendentes e descendentes.

---

[9] Note-se que, em relação ao cônjuge, a transmissão só ocorre quando o arrendamento não fosse, face ao regime de bens do casal, um bem comum. Tal decorre do facto de o Código Civil passar a prever, no artigo 1068.º, a comunicabilidade do arrendamento.

Em relação aos descendentes, estes só terão direito à transmissão do contrato se forem menores ou forem estudantes com idade não superior a 26 anos. Os descendentes maiores de 26 anos só terão direito à transmissão se forem portadores de deficiência com grau comprovado de incapacidade superior a 60%.

Enquanto no RAU a transmissão se dava primeiro para os descendentes e só depois para os ascendentes, no regime transitório contido no NRAU a ordem é a inversa. Com efeito, tratando-se de, através da transmissão, tutelar os interesses do transmissário, entendeu-se que maior protecção devem merecer os ascendentes do arrendatário, os quais, pela natureza das coisas, serão pessoas de maior idade. Visa-se assim incentivar a manutenção dos cidadãos de idade mais avançada nos locais onde residem, frequentemente há largos anos. Por morte dos ascendentes, pode haver lugar a nova transmissão, em benefício dos descendentes do arrendatário inicial que a ela já tivessem direito aquando do decesso, nos termos das alíneas d) e e) do n.º 1 do artigo 57.º.

A transmissão por morte no arrendamento não habitacional é objecto do artigo 58.º. O regime aí previsto é, à semelhança do que vimos suceder no campo do arrendamento habitacional, não só mais limitador do que o existente no RAU como ainda do que o que consta do NRAU.

A regra é a da não transmissão *mortis causa* do arrendamento não habitacional. A transmissão só ocorrerá quando exista:

a) Um estabelecimento a funcionar no local arrendado;
b) Sucessor que explorasse em comum com o arrendatário, há mais de três anos, esse estabelecimento.

A lei não explicita o que se entende por "explorar em comum", permitindo, sob esta designação, abranger um vasto leque de situações, jurídicas e de facto.

Busquemos a *ratio* das normas criadas para o regime transitório. Começamos por assinalar que o NRAU consagra para os contratos celebrados após a sua entrada em vigor uma muito maior liberdade contratual. Nomeadamente quanto à duração do contrato, sendo este para fim não habitacional, as partes são inteiramente livres de estipularem a duração que entenderem, e o grau de vinculação a esse prazo por cada uma das partes. Sendo para fim habitacional – sem entrar em explicações pormenorizadas que nos afastariam do tema que agora abordamos – conclui-se que o senhorio não fica, em regra, obrigado a manter o arrendamento por mais de 5 anos. Só não será assim se, por vontade própria, celebrar um contrato com prazo certo de duração superior.

Se o senhorio deixa de ter de manter o contrato indefinidamente quando o não pretenda – por outras palavras, se, pelo menos quanto à duração, se pode afirmar que acabou o vinculismo – nenhum perigo existe em permitir amplamente a transmissão por morte. Só com a vontade do proprietário se poderá verificar a transmissão do arrendamento através de sucessivas gerações, e a eventual transmissão a favor de sujeito que ao senhorio, por qualquer motivo, não agrade, sempre poderá ter um fim à vista.

Em relação aos contratos celebrado anteriormente à entrada em vigor do NRAU mantêm-se as regras relativas à duração. Os contratos sem duração limitada continuarão a ser de renovação obrigatória e automática, pois a estes não se aplica, como vimos, a possibilidade de denúncia injustificada mediante pré-aviso de 5 anos. Face a isto, torna-se necessário um sistema de transmissão por morte mais restritivo, pois não é defensável continuar a obrigar os senhorios a manter contratos vinculísticos passando de geração em geração.

Tal é conseguido, nos arrendamentos habitacionais, através da limitação da transmissão por morte às pessoas que se entendeu serem mais necessitadas de protecção.

Nos arrendamentos para fins não habitacionais, sendo o arrendatário uma pessoa singular, prevê-se, como regra, a não transmissibilidade por morte. A excepção a favor de sucessor que explore um estabelecimento em comum com o arrendatário tem dois objectivos:

a) Não privar de meios de subsistência os sucessores, normalmente cônjuge e filhos, que vivessem da exploração comum do estabelecimento.
b) Permitir a continuidade dos negócios tradicionais de base familiar, importantes não apenas para os seus titulares mas para a própria vivência do espaço urbano.

Entendemos que é à luz destes objectivos que se deve interpretar o que seja "exploração em comum".

Propriedade

NOTA DE INTRODUÇÃO

CARLOS FERREIRA DE ALMEIDA*

Em 2006, escolhi a propriedade como objecto do curso de Prática Jurídica Interdisciplinar-I que leccionei na Faculdade de Direito da Universidade Nova de Lisboa. A ideia central era cruzar as diferentes perspectivas pelas quais várias disciplinas jurídicas se ocupam da propriedade, com o objectivo de verificar tanto as coincidências como as variações de sentido. Por isso, apresentei o tema comum com o título de *Propriedade(s)*.

Para a maioria das aulas convidei professores especialistas em vários saberes, que sucessivamente apresentaram a propriedade e instituições afins, tal como podem ser encaradas em História do Direito, Filosofia do Direito, Direito Internacional Público, Direito Constitucional, Direito Administrativo, Direito Fiscal, Direito Penal, Direito Processual Civil, Direito Intelectual e em aspectos particulares do Direito Civil.

O curso confirmou a polissemia da propriedade, com variantes em torno de duas concepções principais no direito português vigente: a propriedade como equivalente a direito subjectivo patrimonial (conceito dominante na Constituição da República) e a propriedade como direito real (o chamado direito real máximo regulado no livro III do Código Civil). A propriedade intelectual entra certamente no primeiro conceito, mas continua por resolver se deve integrar o segundo.

Obscura continua também a questão de saber se o Direito Fiscal e o Direito Penal adoptam conceitos próprios ou se se limitam a adaptar o conceito civilista de propriedade. Controversos são finalmente os problemas em torno de certos institutos de Direito Civil, designadamente os que foram tratados neste curso: a reserva de propriedade, a propriedade sobre dinheiro e títulos de crédito, a propriedade fiduciária, a interferência do registo predial e das regras sobre ordenamento do território na conformação do direito de propriedade.

Os artigos que se seguem correspondem a quatro dessas aulas dedicadas à propriedade na história, ao domínio público, aos direitos intelectuais em geral e aos programas de computador, em especial. Aos seus autores agradeço, além das magníficas lições, este contributo adicional de publicação dos textos em que as basearam.

---

* Professor Catedrático da Faculdade de Direito da Universidade Nova de Lisboa.

Prática Jurídica Interdisciplinar I
A Propriedade e a História

António Manuel Hespanha*
Francisco Borges**

O tema "Propriedade e História" é, naturalmente, muito extenso, mesmo que o reduzíssimos a um âmbito histórico-geográfico limitado, como a Europa Ocidental. Acresce que "Propriedade e História" é mais, muito mais, do que "História do Direito de Propriedade", mesmo que entendamos esta expressão como significando a história das "situações reais" (ou seja, das relações jurídicas entre os homens e as coisas)[1]. Por isso se adverte que, no espaço didáctico de uma aula, teremos que nos limitar a discorrer sobre os tópicos mais significativos (tendo em conta o programa da cadeira), acrescentando alguns exemplos mais pitorescos. Alguma descontinuidade entre os diversos tópicos será, portanto, inevitável.

A história da propriedade baseia-se em pré-compreensões e visões do mundo e das coisas. Isto é comum no direito que, como se diz logo no início do Digesto, parte de um *reconhecimento – leve – das coisas divinas e humanas*. Para percebermos a resposta de cada época para perguntas fundamentais como, o que são as coisas ou o que legitima a propriedade – será então necessário ter em conta que esses conceitos não são de estrita criação jurídica, mas sim muitas vezes importações de sentidos comuns exteriores ao Direito, impondo-se a este como evidências indiscutíveis ou como verdades implícitas (*taken for granted*).

Tome-se a distinção entre pessoas e coisas. Aparentemente, aqui a natureza fala por si, não havendo qualquer dificuldade na distinção. E, no entanto, não é bem assim. Ao longo da história, pessoas foram tratadas como coisas e coisas tratadas como pessoas. José Dias Ferreira, professor da Faculdade de

---

* Professor Catedrático da Faculdade de Direito da Universidade Nova de Lisboa.

** Aluno da Faculdade de Direito, a quem se deve o fundamental da transmissão da aula oral.

[1] Cf. Paolo Grossi, *Le situazioni reali nell'esperienza giuridica medievale: corso di storia del diritto*, Padova. CEDAM, 1968: este notável historiador italiano é um dos que mais utilmente podem ser consultados sobre a história da propriedade. V. ainda, do mesmo, *Il dominio e le cose. Percezioni medievali e moderne dei diritti reali*, Milano, Giuffrè, 1992.; Id., *La proprietà e le proprietà nell'officina dello storico*, Napoli, Editoriale Scientifica, 2006.

Direito de Coimbra, e primeiro comentador do Código Civil de 1867, refere que, no início da sua carreira, lá pelos anos '40 do séc. XIX, chegado à sua primeira comarca (Alfândega da Fé), tinha em cima da secretária, uma acção penal contra um boi, que marrara em alguém. Se o autor da referência relata o caso no tom jocoso de quem já tinha por certo que ao boi não se podia imputar uma responsabilidade pessoal que era exclusiva ... das pessoas e, por isso, estranha às coisas, o mesmo já não se pode dizer do autor da acção, que considerava o animal como sujeito e não como objecto de direito.

Em meados do século XVI, Domingo de Soto, um dos mais eminentes juristas ibéricos, tratou, logo no início do seu *Tratado da Justiça e do Direito* (publ. 1556), desta problemática, concluindo que a capacidade jurídica exigia certas capacidades intelectuais, como a razão e a vontade. No entanto, refere respeitosamente a posição contrária de Gerson, um prestigiado jurista francês, que tinha uma posição oposta sobre a matéria. Na sua visão – que coincidia com uma velha opinião do jurista romano Ulpianus – o direito (natural) tinha sido incutido em todos os seres, animados ou inanimados, como sentido da ordem do mundo e consciência do lugar, direitos e deveres que esta implicava para cada coisa. Tal como os humanos teriam o dever de alimentar e educar os filhos, o mesmo se deveria aplicar aos outros animais, mesmo às aves (como Ulpiano, sabe-se lá porquê, acrescentava). Assim: o leão gozaria de soberania sobre os restantes animais e a águia sobre as restantes aves; tal como o diamante também teria soberania sobre as restantes pedras, já que nenhuma o pode riscar e ele pode riscá-las a todas.

Estamos perante a visão de um mundo ordenado, em que as coisas estão ligadas funcionalmente umas às outras por laços de simpatia (*filia, amor*), servindo-se de acordo com a sua função na ordem do mundo. Todos (ou tudo) têm direitos e deveres. Muitos exemplos poderão ser dados para ilustrar esta tese. Observe-se o primeiro livro da *Bíblia*, o *Génesis*. Aí se diz que *Deus* criou as coisas umas para as outras, culminando com a criação da mulher, que, ela também, teria a finalidade de servir o homem. As consequências jurídicas desta ordem do mundo, eram de que ela se transcrevia no direito, gerando direitos e obrigações, actos lícitos e actos contra a natureza, logo, crimes e pecados, ao mesmo tempo. Por isso, o empréstimo de dinheiro não devia gerar juros (já que as moedas não se reproduzem – ao contrário do que acontece com as reses de um rebanho – "as moedas não fazem moedinhas", escreveu algum jurista). Por isso, a (inútil) sexualidade entre pessoas da mesma espécie – ou que consistisse em actos aconsigo mesmo (masturbação) – era crime (e pecado), o mesmo acontecendo com actos sexuais entre humanos e animais[2].

---

[2] V., como ilustração, os primeiros títulos do Livro V das *Ordenações* portuguesas.

Por isso que pessoas, coisas e qualidades eram igualmente objecto do direito, depois do atentado contra o Rei D. José I, além dos Duques de Aveiro, também as suas coisas (casas, terras, brasões de armas) foram condenadas (derribadas, salgadas, picadas). Por isso também, houve juristas que se ocuparam dos direitos das cores e das acções que lhes haviam de competir em função de tais direitos[3]. Por isso, uma aldeia da Andaluzia accionou no tribunal competente uma nuvem de gafanhotos que lhe dizimavam os campos, tendo ganho a acção e sendo autorizada a executar a pena de expulsão e de morte sobre o bicharocos[4].

Constatada esta primeira e cardinal ambiguidade entre coisas (objecto de direitos de propriedade) e pessoas (sujeitos desses direitos), surgem outros reflexos da cultura a ensombrar as claras distinções jurídicas de hoje.

Como classificar as coisas? Nos últimos séculos, elas foram geralmente divididas em móveis e imóveis, tendo como base a presunção de que as imóveis são mais valiosas. Esta presunção, hoje em dia de novo problemática, tinha uma razão de ser fundamental: o facto de, nas coisas imóveis, haver um enraizamento na própria Natureza – faziam parte, sustentadamente, do mundo – que as tornaria de valor superior ao das coisas móveis. Mas nem sempre se seguiu esta classificação. No direito romano, as coisas eram divididas em *res mancipi* e *res nec mancipi*, literalmente coisas que podem ser agarradas com a mão (*manus capere*) e coisas que não podem ser agarradas com a mão.

As *Institutiones* de Gaius (século III) – que inauguraram a tripartição das matérias jurídicas em pessoas, coisas e acções, que veio até ao *Code Napoléon* – concretizam a classificação. As coisas que podiam ser vendidas *per mancipationem* eram as terras e casas situadas em Itália, os escravos, os animais domésticos e as servidões ligadas a prédios rústicos. As servidões ligadas a prédios urbanos já não eram susceptíveis de venda *per mancipationem*. Às primeiras transacções estava ligada uma liturgia, um ritual quase mágico, que as partes teriam de observar para efectuar o negócio com sucesso. Já que – dada a importância dessas coisas na ordem do mundo – tal como era então concebida – só um a cerimónia ritual podia provocar a modificação do seu estatuto. Certos gestos e liturgias teriam de ser realizados correctamente, sob pena de a transmissão da propriedade não se consumar, não podendo o adquirente ser,

---

[3] Refiro-me a Hermann Wissmann, autor de uma dissertação académica sobre o tema – *De Jure circa colores. Von Farben-Recht*, Halle, 1683. V. A. M. Hespanha, „As cores e a instituição da ordem no mundo de Antigo Regime", em *Philosophica. Filosofia da Cultura*, 27(2006), 69-86.

[4] Cf. Francisco Tomás y Valiente, em Id. (coord.), F. Tomás y Valiente y otros, *Sexo barroco y otras tracsgresiones modernas*, Alianza, 1990.

mais tarde, protegido por uma acção judicial para se manter na titularidade da coisa. Para o intérprete contemporâneo é difícil perceber o critério classificativo que atribuía um regime comum servidões ligadas a prédios rústicos ou a terras em Itália.

Teremos que recorrer novamente ao ponto de partida da exposição. Naquela época as pessoas simplesmente viam o mundo de uma maneira completamente diferente da nossa. Tratava-se de uma sociedade tradicional, em que a magia e os rituais tinham uma importância que hoje parece deslocada. Não se discutia a origem dos rituais; os primeiros juristas, que eram também sacerdotes, tinham-nos fixado; assim como o tinha feito a venerável Lei das XII Tábuas; a *mancipatio* era sagrada.

Porém, a hermenêutica dos mitos pode esclarecer algo sobre o seu sentido perdido. Um dos ritos que tinha de ser seguido era a obrigação de, numa balança empunhada por um terceiro (*libripens*, o que empunha a balança), o vendedor colocar num dos pratos um pedaço de terra do prédio que iria ser vendido enquanto que, no outro, o comprador colocava uma barrinha de bronze, representando a soma a pagar, de modo a equilibrar a balança. Na origem deste procedimento estava a concepção de que com a passagem de uma coisa importante (um prédio) de um proprietário para outro se introduzia um elemento de desordem, de desequilíbrio, no mundo ordenado, aqui representado pela balança, o símbolo de Justiça, que mede o equilíbrio. Só com o equilíbrio da balança, provocado pelo igual peso da terra e do preço, se voltaria a restabelecer o equilíbrio na ordem das coisas. Assim se compreende a razão de as terras fora de Itália não serem sujeitas aos formalismos descritos: o que estava fora de Itália já não pertencia a este mundo equilibrado da gente civilizada, mas ao mundo anárquico dos bárbaros. O significado da liturgia foi-se perdendo, mas ela manteve-se na dogmática dos direitos reais, com precisas consequências jurídicas, como vestígios de um mundo fossilizado, mas ainda visível na sua exterioridade.

É que a classificação das coisas era fundamental, na medida em que, no direito romano, o direito adjectivo era verdadeiramente o *substantivo* (o mesmo, de algum modo, se passa no actual direito inglês). E assim, entre as diversas acções previstas na Lei das XII Tábuas (do IV século a.C.), estava a acção de *reivindicatio*, através da qual a propriedade sobre determinada coisa podia ser perseguida pelo seu titular, onde quer que ela se encontrasse, quaisquer que fossem os seus possuidores. Sem esta acção, o eventual direito "substantivo" de propriedade não poderia ser accionado em tribunal, perdendo assim o seu conteúdo. Mas esta acção pressupunha a existência de uma verdadeira propriedade *ex iure quiritum* (i.e., válida perante o direito dos cidadãos) e esta tinha que se basear numa aquisição por *mancipatio*. Daí que, mesmo quando o cerimonial da *mancipatio* tenha deixado de ser entendido, ele continuava a projectar a sua sombra sobre aspectos práticos da vida.

Com o passar do tempo e mudança de mentalidades, esta situação foi sendo progressivamente alterada. No caso de uma compra e venda que não seguisse o estrito ritual previsto nas leis, as partes que não tivessem legitimidade para interpor uma *legis actio*, uma acção prevista na lei, por inexistência dos seus pressupostos formais, passariam a ter acesso a uma acção concebida a partir dos factos (*in facto concepta*), criada por mecanismos jurisprudenciais (direito pretório).

Uma outra vinculação do conceito jurídico de propriedade em relação a mudividências culturais ocorre muito mais tarde, nos sécs. XIII/XIV da nossa era.

Isto é o resultado não tanto de um processo da dogmática jurídica (apesar de terem sido os juristas que efectivamente o estabelecerem), mas mais de uma modificação ... do senso comum. Fundamentalmente, duas respostas poderiam ser dadas à questão de se saber o que era o domínio sobre uma coisa. Incidiria o domínio sobre o objecto propriamente dito ou sobre as utilidades que esse objecto proporcionaria? Se se considerasse como adequada a segunda resposta, então a convivência de diferentes direitos absolutos e ilimitados sobre a mesma coisa física seria admissível, já que esta não era senão o suporte material de um feixe de utilidades que poderiam ser objecto de direitos na titularidade de pessoas diferentes. Já para uma concepção "realista" – que identificasse o objecto do direito de propriedade como uma coisa –, haveria apenas um direito sobre a coisa, único e indesmembrável, e que permitiria excluir qualquer outro do aproveitamento das diversas utilidades do objecto.

Ora a concepção do mundo que se vem a impor é a que vê as coisas como uma constelação de usos, que desmaterializa o seu suporte numa série de utilizações e de valores: valores simbólicos (como suportar a memória de uma família, como a velha casa senhorial, com o seu brasão de armas); valores de uso (como plantar e colher); valores económicos (como receber uma renda ou um tributo real). A coisa deixa de ser uma indivisível realidade física, mas sim um conjunto disperso e divisível de utilidades, cada qual representando algo que podia ser objecto de um direito distinto.

É com Bártolo que esta desmaterialização da realidade se estende à concepção dos direitos sobre as coisas, podendo, agora, existir inúmeros direitos sobre a mesma coisa física, cada um correspondendo a uma sua utilidade. Perdendo-se a concepção realista de "coisa", substituída por uma noção funcionalista, o conceito de propriedade pôde alargar-se a um número crescente de interesses e utilidades. Assim, um ofício público, uma jurisdição, poderia ser objecto de direito de propriedade e, consequentemente, ser vendido, arrendado, dado em dote… Podia-se ser proprietário do "estado de filho", do "estado de nobre" – ou apenas estar "na posse" desses estados, adquiridos pela tradição, pela continuidade da fama pública, de forma que se incorporavam *in* património.

No fundo, passa a haver uma propriedade sobre estados e direitos, em que a própria liberdade era considerada uma propriedade, a propriedade sobre si próprio. A Carta Constitucional de 1826 considerava a propriedade como a primeira garantia e a chave de todas as outras, incluindo a liberdade (neste ponto, seguindo o pensamento de John Locke).

E, tal como se alarga o objecto da propriedade, o mesmo acontece com o seu sujeito. Também entidades imateriais podem ser proprietárias. A alma pode ser proprietária, tal como os santos e mesmo Deus, que é aliás o maior proprietário de todos, proprietário de tudo quanto existe. De tal modo que, quando a propriedade é adquirida pela Igreja – a entidade que torna Deus visível na terra –, ela sai do comércio, como que tendo retornado definitivamente ao seu pristino lugar. É a propriedade amortizada, de mão morta, que morreu para o mundo.

Com os novos tempos abertos pelo individualismo e pelo liberalismo, esta visão do mundo das coisas altera-se de novo. A incerteza das situações reais torna-se perturbadora; a divisão de uma mesma coisa por muitos prejudica a sua mobilidade, a sua disponibilidade. A propriedade separa-se de outras situações de predomínio, como o poder ou a jurisdição. Estes exercem-se sobre pessoas. Aquela, sobre coisas. O rei de França torna-se no rei dos Franceses, pois a coisa França, o território do reino, é deixado livre à propriedade dos súbditos privados, enquanto que o rei exerce uma hegemonia sobre as pessoas dos cidadãos; uma hegemonia, em todo o caso, bem diferente do poder destes sobre as suas coisas.

E a história não parou. No século XIX, a propriedade será a chave de todos os direitos, mas será também o maior de todos os roubos. O direito, conforme a hegemonia das concepções do mundo, reflectiu uma e outra coisa. Como hoje continua a acontecer.

Como em relação a todos os institutos jurídicos, fazer a história da propriedade é surpreender o impensado da dogmática jurídica e as suas vinculações aos valores envolventes, muitas vezes apenas conscientes, muitas vezes de sentidos já submersos. A história do direito pode facilmente converter-se no *divan* de psicanalista da dogmática.

LEITURAS DE ORIENTAÇÃO

JOHN GILISSEN, *Introdução histórica ao direito* Lisboa, Gulbenkian, 1995.

PAOLO GROSSI, *Le situazioni reali nell'esperienza giuridica medievale: corso di storia del diritto*, Padova. CEDAM, 1968.

PAOLO GROSSI, *Il dominio e le cose. Percezioni medievali e moderne dei diritti reali*, Milano, Giuffrè, 1992.; Id., *La proprietà e le proprietà nell'officina dello storico*, Napoli, Editoriale Scientifica, 2006

MARIE-HÉLÈNE RENAULT, *Histoire du droit de la propriété*, Paris, PUF, 2004.

A. M. HESPANHA, *O jurista e o legislador na construção da propriedade burguesa*, versão polic., Lisboa, 1980, 80 pp.; versão abreviada (sem aparato crítico completo), *Análise social*, 61-62 (1980), 211-236.

C. B. MCPHERSON, *The Political Theory of Possessive Individualism*, Oxford, Clarendon Press, 1962.

O DOMÍNIO PÚBLICO

João Caupers*

Advertência

O texto que se segue foi elaborado para servir de suporte a uma aula sobre domínio público, dada no âmbito de uma disciplina de cariz prático, que teve como tema geral a propriedade, numa viagem através das várias zonas do ordenamento jurídico que operam com o conceito. Tem essencialmente um objectivo informativo – formativo, não devendo procurar-se no texto novidades ou afirmações controversas, que não estavam de todo nos propósitos do autor.

1. Origens do conceito: as coisas fora do comércio (o artigo 202.º do Código Civil)

O conceito de domínio público remonta as suas origens ao *ager publicus* dos romanos, conceito que se aplicava aos territórios conquistados, abrangendo terrenos confiscados aos vencidos, sobretudo a partir da Segunda Guerra Púnica. O *ager publicus* era pertença do *populus romanus* no seu conjunto, não sendo os terrenos que o integravam susceptíveis de apropriação individual, característica que habitualmente se designa por extracomercialidade.

Do *ager publicus* evoluiu-se para o conceito de *res communes omnium*, coisas que podiam ser livremente utilizadas por qualquer pessoa, e para o conceito de *res publicae*, coisas que apenas podiam pertencer a entidades públicas de natureza territorial. Com a evolução o conceito sofreu uma alteração qualitativa: de uma noção para que relevava a simples pertença, passou-se para outra, que passou a ter em conta a natureza das coisas e a sua utilização colectiva.

---

* Professor Catedrático da Faculdade de Direito da Universidade Nova de Lisboa.

É ainda nesta ideia que repousa a formulação do n.º 2 do artigo 202.º do Código Civil: a extracomercialidade é a característica fundamental dos bens que integram o domínio público.

2. Natureza do domínio público

A natureza do domínio público nunca foi questão pacífica, sobre ela se debatendo duas grandes concepções.

A primeira concepção sustenta a autonomia conceptual do domínio público relativamente ao direito de propriedade (privada). O domínio público consistiria num direito de conservação e administração dos bens públicos, que nada teria a ver com a propriedade privada.

A segunda concepção considera o domínio público como uma verdadeira propriedade, embora uma espécie de propriedade diferente da propriedade privada; Hauriou propôs para ela a designação de propriedade *administrativa*.

Para além destas duas concepções opostas, também se perfilam dois critérios possíveis de determinação da dominialidade pública: o primeiro enfatiza a pertença a uma entidade pública; o segundo prefere sublinhar a afectação ao uso público.

Pela nossa parte, afigura-se que o domínio público é um conceito essencialmente funcional: supomos que a pedra de toque do conceito é a afectação ao uso público, muito embora reconheçamos que, em face da nossa lei, a titularidade pública também é relevante.

3. Composição do domínio público

3.1. A determinação da composição do domínio público, para não se reduzir a uma mera descrição, pressupõe a utilização de critérios à luz dos quais se torne possível a construção e delimitação de categorias de bens dominiais.

Assim, é tradicional a contraposição entre o *domínio público natural* e o *domínio público artificial*. Enquanto o primeiro é constituído por coisas que não resultam da acção humana, o segundo é resultado dessa acção.

Diversa é a distinção entre o *domínio público por natureza* e o *domínio público por determinação legal*. A primeira categoria é a herdeira directa das antigas *res communes omnium*, coisas que não podiam, por razões essencialmente lógicas, deixar de pertencer a todos: o ar que respiramos, os rios em que navegamos, etc. A segunda resulta de uma construção do direito, que atribui a coisas que poderiam pertencer apenas a alguns um estatuto que obsta a tal apropriação. É agora a lei – e já não a natureza das coisas – que dita a dominialidade pública.

Também é habitual distribuir as coisas que integram o domínio público por diversos grupos, não em razão de qualquer critério escolhido para o efeito, mas em consideração de factores como a natureza física, a situação ou a finalidade dos bens dominiais.

Assim, distingue-se:

a) O *domínio público hídrico*, constituído, está bem de ver, por água, do qual fazem parte o *domínio público marítimo*, constituído pelas águas marítimas interiores, pelo mar territorial, pela plataforma continental e pelas praias, e o *domínio público fluvial*, integrado pelos cursos de água navegáveis ou flutuáveis e pelas respectivas margens;

b) O *domínio público aéreo*, constituído pelo espaço aéreo, entre o limite utilizável pelo proprietário ou superficiário do solo (limite inferior) e o limite da atmosfera (limite superior);

c) O *domínio público geológico*, integrado pelas jazidas minerais e pelas nascentes;

d) O *domínio público de comunicação*, integrado pelas estradas, ruas, passeios, pontes e viadutos, instalações portuárias e aeroportuárias e linhas férreas nacionais;

e) O *domínio público hertziano*, constituído pelo chamado espectro radioeléctrico.

3.2. A situação das albufeiras das barragens justifica uma menção particular.

Como se sabe, a construção sistemática de barragens para produção de energia eléctrica iniciou-se após a Segunda Guerra Mundial. A construção dos equipamentos foi tornada possível através de planos de expropriações sistemáticas dos terrenos que as águas iriam cobrir. Segundo informações prestadas por proprietários então expropriados, estes puderam, em geral, manter a sua propriedade (ou readquiri-la, após se haver comprovado que enchimento da albufeira não cobriria tais terrenos) a partir da linha do nível de pleno abastecimento da albufeira, conhecida por NPA, tendo sido construídos muros de suporte exactamente sobre esta linha.

Resultou daqui uma situação jurídica delicada, ainda hoje causa de litígios.

De acordo com o artigo 5.º do Decreto-Lei n.º260/71, de 5 de Novembro (diploma que, curiosamente, não contém qualquer referência expressa a albufeiras), as margens de águas navegáveis ou flutuáveis podiam ser públicas ou privadas, estando, neste caso, sujeitas a servidões administrativas. Os diferentes planos de ordenamento das albufeiras concretizaram esta previsão, estabelecendo zonas de servidão em redor do plano de água, servidões cujo conteúdo comprime o direito de propriedade privada frequentemente para além do admissível, num quadro legal que não prevê o pagamento de qualquer compensação por essa redução drástica das utilidades normalmente resultantes para o proprietário.

O artigo 5.º da Lei n.º54/2005, de 15 de Novembro – diploma legal que revogou, entre outras, aquela disposição –, veio incluir no ora denominado *domínio público lacustre e fluvial* as *albufeiras criadas para fins de utilidade pública, nomeadamente produção de energia eléctrica ou irrigação, com os respectivos leitos.*

É interessante observar a omissão de qualquer referência às *margens* das albufeiras; omissão tanto mais significativa quanto as alíneas a) e b), respeitantes a cursos de água, lagos e lagoas navegáveis ou flutuáveis, incluem no domínio público as *margens pertencentes a entes públicos*. Parece, assim, que as margens das albufeiras se mantêm, em princípio, privadas, o que é confirmado pela redacção do n.º 1 do artigo 12.º, que continua a adoptar o sistema das servidões administrativas para tais margens, com todas as dificuldades e controvérsias daí decorrentes.

3.3. Merece também uma referência especial o episódio ocorrido recentemente e que teve como protagonista a rede básica de telecomunicações.

Esta rede constituía, tradicionalmente, parte do domínio público do Estado. Obcecado com o défice e a decorrente necessidade de fazer dinheiro rápido, o Governo da época, através da Lei n.º 29/2002, de 6 de Dezembro, desafectou aquela rede do domínio público do Estado, procedendo à sua integração no domínio privado do mesmo, autorizando, do mesmo passo, a respectiva alienação ao operador histórico.

Esta alienação viria a consumar-se por via da Resolução do Conselho de Ministros n.º147/2002, de 26 de Dezembro, que aprovou a minuta do contrato de compra e venda da rede básica de telecomunicações à PT Comunicações, S.A.

Porventura num raro exemplo de má consciência legislativa, o mesmo Governo viria a aprovar, pouco tempo depois, o Decreto-Lei n.º 95/2003, de 3 de Maio, diploma que prevê a possibilidade de expropriação da ... rede básica de telecomunicações, explicando que tomou em consideração que, *num cenário, que agora não se prevê, possam ocorrer circunstâncias excepcionais em que o interesse público exija a reaquisição da propriedade da rede básica por parte do Estado...*

3.4. Finalmente, a questão do chamado, por alguns, *domínio público imaterial.*

Conforme dispõe o artigo 38.º do Código do Direito de Autor, as obras protegidas pelo código *caem no domínio público* decorridos que sejam os prazos de protecção, prazos que não se estenderão para além de 70 anos.

Decorrido o prazo, a obra deixa de estar protegida no plano patrimonial, mantendo-se apenas a protecção dos chamados direitos morais. A principal consequência da queda no domínio público consiste na possibilidade de a obra ser livremente publicada ou divulgada.

Poder-se-á falar, verdadeiramente, num *domínio público imaterial*, que abrangeria precisamente estas obras cuja divulgação ou publicação já não enfrenta limitações ao respectivo aproveitamento económico? Existirá mesmo um domínio público imaterial, decorrente daquela disposição do Código do Direito de Autor?

Supomos que a pergunta deve ter uma resposta negativa: trata-se de uma forma de designação tradicional mas que, sob a aparência de uma semelhança, esconde uma radical diferença. Tendo como remota origem comum as já mencionadas *res communes omnium*, partilham da possibilidade de ser utilizadas livremente por qualquer pessoa. Como refere José de Oliveira Ascensão, *compreende-se por isso que se aproximem na sua liberdade o mar territorial e a obra não protegida*[1].

Mas as semelhanças começam e acabam aí: na verdade, no suposto domínio público imaterial não existe propriedade, nem qualquer tipo direito ou poder semelhante de natureza pública. O que existe é, simplesmente, uma liberdade.

4. O QUADRO CONSTITUCIONAL E LEGAL

O enquadramento jurídico fundamental do domínio público consta do artigo 84.º da Constituição, disposição que foi introduzida na Lei Fundamental na revisão constitucional de 1989.

A primeira observação que esta disposição suscita é a de que o legislador constitucional optou por qualificar ele próprio certos bens como integrantes

---

[1] Cfr. *Direito de Autor e Direitos Conexos*, Coimbra, 1992, p. 345.

do domínio público; mas não reservou para si o monopólio de tal qualificação, antes estendendo ao legislador ordinário a possibilidade de aquela qualificação ser ampliada. É este o sentido da alínea f) do n.º 1.

Analisando esta disposição, percebe-se que foram utilizados em simultâneo vários critérios para determinar a dominialidade. Qualquer desses critérios, todavia, assenta na ideia de *afectação*, trate-se de afectação, directa ou indirecta, ao uso público ou de afectação ao funcionamento de um serviço público. Quanto à concepção subjacente, o mais que se poderá dizer é que pelo menos relativamente às alíneas a) e b) do n.º 1 do artigo 84.º não pode aplicar-se uma concepção «proprietária».

5. O regime dominial — traços gerais

5.1. Regime orgânico

O regime dominial integra a reserva relativa de competência da Assembleia da República, conforme dispõe a alínea v) do n.º 1 do artigo 165.º da Constituição, devendo, por isso, ser aprovado por lei ou decreto-lei autorizado.

5.2. Regime material

Os bens do domínio público são *inalienáveis* não podendo ser objecto de compra e venda ou de outro negócio jurídico-privado dispositivo, oneroso ou gratuito); *imprescritíveis*, não podendo ser adquiridos por usucapião; *impenhoráveis*, não podendo ser penhorados para satisfação de dívida em fase de execução judicial; e *insusceptíveis de oneração*, não podendo sobre eles ser constituídos direitos reais de gozo ou de garantia.

Sobre os bens do domínio público podem incidir actos ou contratos jurídico-públicos, como a concessão, ou transferências dominiais, o que ocorre quando um bem dominial passa do domínio público do Estado para o domínio público de um município, por exemplo.

Considerada a razão de ser do domínio público, quando um bem dominial deixa de satisfazer um interesse público, é possível praticar um acto de desafectação, por via do qual é posto termo ao regime dominial.

Finalmente, no que respeita à titularidade de bens dominiais, sublinhe-se que somente as chamadas pessoas colectivas públicas de população e território (Estado, regiões autónomas e autarquias locais) podem ser titulares de bens do domínio público.

6. UTILIZAÇÃO DO DOMÍNIO PÚBLICO POR PARTICULARES

As condições de utilização do domínio público por particulares devem também constar da lei, como resulta da parte final do n.º 2 do artigo 84.º da Constituição.

A primeira observação que esta matéria suscita é a de que a forma mais habitual de utilização dos bens dominiais é o chamado *uso comum*, o uso declarado lícito para todos ou para uma categoria delimitada de particulares, também designado uso não excludente, uma vez que um número não determinado de pessoas pode utilizar em simultâneo o bem.

O uso comum caracteriza-se por ser *geral* – isto é, possível por todos –, *igual* – ou seja, facultado em condições de igualdade aos interessados – e *gratuito*.

Note-se que estas características são tendenciais, uma vez que são conhecidas excepções. Assim, os peões não podem circular nas auto-estradas, que integram o domínio público de circulação e são de uso comum. Por outro lado, a circulação não é necessariamente gratuita para os automobilistas: antes pelo contrário, é regra o pagamento de portagens.

O uso comum é o que melhor se compreende, considerada a origem histórica e a natureza dos bens dominiais. Todavia, certos bens dominiais têm a sua utilidade condicionada a formas exploração que implicam a exclusão de outros possíveis interessados. É o que ocorre, por exemplo, com as fontes de água minero-medicinal. Seja para utilização termal, seja para engarrafamento, é forçoso conceder a exploração a alguém – ou não haverá utilização possível.

Assim se percebe a razão de ser dos chamados *usos privativos*, que apresentam natureza excludente, visto que apenas são permitidos a alguns. O uso privativo é precisamente o modo de utilização permitido a pessoa(s) determinada(s) mediante um título jurídico individual.

Registe-se ainda que nem sempre o uso privativo consistirá na exploração económica do bem: isso acontece no exemplo que indicámos, mas já não ocorre quando se pense num cais privativo de uma empresa de siderurgia. Neste caso, a empresa utiliza o espaço dominial apenas como instrumento da sua actividade produtiva – cargas e descargas de matéria-prima e de produto acabado – não prestando a terceiros quaisquer serviços, nem fornecendo quaisquer bens. É, de resto, esta distinção que está na base da contraposição entre contratos de concessão do uso privativo e contratos de concessão de exploração, de que se fazem eco as alíneas e) e d) do n.º 2 do artigo 178.º do Código de Procedimento Administrativo.

Casos existem em que o uso privativo aparece combinado com a exploração dominial: imagine-se uma empresa concessionária do transporte ferroviário numa via férrea nacional que cede parte da utilização dos átrios das estações para aí funcionarem cafés ou quiosques de jornais.

Os usos privativos são sempre titulados, isto é, assentam em instrumento jurídico bastante. Existem dois grandes tipos de títulos: os títulos unilaterais – licenças e actos administrativos de concessão – e os títulos bilaterais – contratos de concessão de uso privativo e de exploração.

7. Contencioso do domínio público

O juiz natural das questões dominiais é, segundo a tradição francesa, o juiz comum, que é o juiz da propriedade.

Na mesma tradição e no seguimento do artigo 816.º do Código Administrativo, a alínea e) do n.º1 do artigo 4.º do antigo ETAF excluía da jurisdição administrativa a *qualificação de bens como pertencentes ao domínio público e actos de delimitação destes com bens de outra natureza.*

O actual ETAF alterou esta situação: debalde se procurará no artigo 4.º uma exclusão semelhante. Nem o n.º 3, nem o n.º4.º referem tal exclusão, levando à conclusão de que aquela espécie de litígios pertence agora ao âmbito da jurisdição administrativa.

Bibliografia sumária

Ana Raquel Gonçalves Moniz, *O Domínio Público. O Critério e o Regime Jurídico da Dominialidade*, Coimbra, Almedina, 2005;

Christian Lavialle, *Droit administratif des biens*, Paris, Puf, 1996, pp.21 a 180;

Diogo Freitas do Amaral, *A Utilização do Domínio Público pelos Particulares*, Coimbra, Coimbra Editora, Lisboa, 1965;

Gomes Canotilho e Vital Moreira, *Constituição da República Anotada*, 4.ª edição revista, Coimbra, 2007, pp.1000 a 1007;

Jorge Miranda e Rui Medeiros, *Constituição Portuguesa Anotada*, Tomo II, Coimbra, Coimbra Editora, 2006, pp.70 a 96;

José de Oliveira Ascensão, *Direito de Autor e Direitos Conexos*, Coimbra, 1992;

José Pedro Fernandes, *Domínio Público*, «in» **Dicionário Jurídico da Administração Pública**, Volume IV, Lisboa, 1991, pp.166 e segs;

Julio V. González García, *La titularidad de los Bienes del dominio público*, Madrid, Marcial Pons, 1998, pp.21 a 84;

Colectiva, *Domínio Público Local*, CEJUR, Braga, 2006;

Acórdão do STA – 1 de 7 de Novembro de 2001, processo n.º039114.

DIREITOS INTELECTUAIS:
PROPRIEDADE OU EXCLUSIVO?[*]

J. OLIVEIRA ASCENSÃO[**]

RESUMO: A qualificação dos direitos intelectuais como propriedade derivou da necessidade histórica de dar outro nome aos antigos privilégios e persistiu graças à ambivalência da noção de propriedade. Mas nenhuma a regra específica da propriedade lhes é aplicável. Os bens intelectuais não são susceptíveis de apropriação exclusiva, porque não são raros. É a lei que os rarifica artificialmente, mediante a proibição dirigida a todos os outros. Entram assim na categoria dos direitos de exclusivo, que são caracterizados por não ter por conteúdo a atribuição positiva de faculdades mas apenas a vantagem derivada da abstenção imposta aos outros do exercício de uma actividade.

PALAVRAS-CHAVE: Coisas incorpóreas. Direito de autor. Direito intelectual. Exclusivo. Privilégio. Propriedade. Propriedade Industrial.

SUMÁRIO: 1. O *status quo*; 2. O pano de fundo económico-social; 3. Ambiguidade de "propriedade" no plano jurídico; 4. Origem da concepção como propriedade. A extinção dos privilégios; 5. Direito de autor e *copyright*; 6. Criação, invenção e pessoa; 7. A lei e a propriedade; 8. A noção de propriedade de que se parte; 9. Pode haver apropriação exclusiva de coisas incorpóreas?; 10. A diversidade de regime jurídico; 11. O princípio geral da liberdade e a demarcação sectorial de exclusivos; 12. A rarificação artificial dos bens intelectuais; 13. A ausência de conteúdo positivo nos direitos intelectuais; 14. A urgência dum novo equilíbrio.

1. O STATUS QUO

O conhecimento científico dos direitos intelectuais, que é um pressuposto de adequada aplicação prática destes, passa necessariamente pela determinação da natureza jurídica que revestem.

---

[*] Este escrito é destinado aos Estudos em Homenagem ao Prof. Dr. J. M. Arruda Alvim.
[**] Professor Catedrático da Faculdade de Direito de Lisboa.

Segundo um entendimento muito expandido constituiriam uma propriedade. Esse entendimento é fomentado internacionalmente. Logo a organização internacional dedicada a esta matéria é a OMPI – Organização Mundial da Propriedade Intelectual.

A "Propriedade Intelectual" dividir-se-ia em dois grandes ramos ou sectores: a Propriedade Industrial e a Propriedade Literária, Artística e Científica. A utilização da expressão *Propriedade Industrial* continua a ser dominante em relação à expressão alternativa, Direito Industrial. A de Propriedade Literária, Artística e Científica está em desuso, sendo substituída por Direito de Autor[1] ou *Copyright*.

As duas expressões traduzem a diversidade, acentuada neste domínio, dos sistemas jurídicos romanístico e anglo-americano. Mas enquanto no romanístico a terminologia não é uniforme[2], no anglo-americano todos usam *copyright*. Como veremos, a diversidade de expressões indicia uma real diversidade do objecto em cada sistema.

Na doutrina há inúmeros entendimentos quanto à natureza jurídica destes direitos. Não os procuraremos elencar. A qualificação como propriedade é a dominante mas esconde, como veremos, muitas ambiguidades.

Acentuamos que se defende também a caracterização como direitos de monopólio ou de exclusivo. Mas esta categoria de direitos está pouco trabalhada, em confronto com outras – os direitos de personalidade, reais, obrigacionais, sociais, eventualmente potestativos. Carecerá por isso de ser mais amplamente examinada.

Em Portugal dividem-se os autores quanto à qualificação como propriedade. Embora nós próprios sejamos em geral hostis a que se contraponha uma escola de Coimbra a uma escola de Lisboa, o facto é que nesta matéria há uma contraposição nítida. Os juristas de Coimbra, na sequência de Ferrer Correia e Orlando de Carvalho, batalham por uma qualificação como propriedade. Já os que emergem da orientação jusintelectualista de Lisboa negam dominantemente essa assimilação[3].

---

[1] Em Portugal a substituição na lei deu-se com o "Código do Direito de Autor" de 1966. No Brasil foi obra da Lei n.º 5 988, de 14 de dezembro de 1973.

[2] Também se usa *Propriedade Intelectual* para designar o Direito de Autor, como em Espanha; podendo abranger ainda, além do Direito de Autor, os Direitos Conexos ao Direito de Autor.

[3] Cfr. por exemplo Luiz Francisco Rebello, *Introdução ao Direito de Autor*, I, SPA/Dom Quixote, 1994, n.º 14, que observa que o legislador, falando de propriedade sobre o suporte, teve o cuidado de não dizer o mesmo em relação à obra; Carlos Olavo, *Propriedade Industrial*, Almedina, 1997, n.º 6.

2. O PANO DE FUNDO ECONÓMICO-SOCIAL

A nossa pesquisa desenvolve-se no plano jurídico. Não obstante, não são despiciendas algumas considerações económico-sociais prévias.

Como dissemos, a qualificação como propriedade é a dominante a nível mundial. Mas a nível mundial, o Direito Intelectual é objecto duma distorção que não deve ser silenciada.

A maioria dos autores que se especializam nestas matérias mantêm vínculos profissionais com as entidades materialmente interessadas. São por exemplo advogados de grandes empresas de *copyright*, membros de associações representativas de titulares de direitos, juristas com ligação a agentes da propriedade industrial... Como tal, tendem a exacerbar o significado dos direitos intelectuais – e nada melhor para esse efeito que apresentá-los como propriedade. Os melhores conseguem manter a indispensável isenção científica mas outros perdem-na, agindo mais como propagandistas que como cientistas. Isso envenena também as relações pessoais neste domínio; muitos dos que fazem do Direito Intelectual o seu ganha-pão tendem a encarar quem pensa diferentemente como um inimigo. Em consequência, passa-se rapidamente de uma crítica de ideias a um ataque às pessoas, denegrindo-as. Assim se turva um ramo como o Direito Intelectual, que em si se reveste de tanta dignidade.

Isso que se passa a nível interno passa-se também, com muito maior intensidade e repercussão, a nível mundial. O Direito Intelectual tornou-se um Direito de *lobbies*. Procura-se um empolamento incessante de protecção, o que leva a reformulações constantes das regras. Os grandes interesses recorrem à mediação das organizações mundiais neste domínio: primeiro a OMPI, hoje mais decisivamente a Organização Mundial do Comércio. Anexo ao Tratado que criou esta está o instrumento denominado ADPIC ou TRIPS, que levou muito mais longe a protecção dos direitos intelectuais. Todos os países terão que o aceitar como pressuposto da sua participação sem inferioridade jurídica no comércio internacional.

Por quê todo este inesperado desvelo pelos direitos intelectuais? Não é seguramente pela protecção do intelecto, a que os grandes interesses económicos internacionais são opacos. Aspectos como o chamado direito moral são expressamente ignorados. Não está em causa o mérito do criador ou do inventor, mas sim os grandes conglomerados económicos a quem directa ou indirectamente esses direitos aproveitam. Os direitos intelectuais foram mercantilizados e submetidos à OMC como mercadoria. São empolados cada vez mais, fora já de toda a justificação com que eram (e continuam arcaicamente a ser) apresentados. Para dar um exemplo, a duração do direito de autor foi prorrogada 20 anos nos Estados Unidos da América, chegando a 95 anos em relação a puros direitos empresariais, como os da Disney[4].

A este movimento mundial convém que os direitos intelectuais sejam apresentados como uma propriedade. Não apenas por a propriedade ter, desde o Direito Romano, adquirido o simbolismo do direito real máximo, como ainda para permitir combater, como decorrência da qualificação defendida, a eliminação tendencial dos limites que as leis estabelecem aos direitos intelectuais. A Comunidade Europeia leva a palma neste movimento, ao encerrar os "limites e excepções" numa lista taxativa, ainda por cima drasticamente reduzida no domínio da internet; e, por acréscimo, submetendo ainda esses limites à chamada regra dos três passos, que limita os limites![5]

Toda esta argumentação é porém falsa.

Os direitos intelectuais não são propriedade: propomo-nos fundar subsequentemente esta afirmação.

E ainda que o fossem, não se poderia deduzir dessa qualificação que o direito intelectual deveria ser isento de restrições ou tendencialmente absoluto.

Joga-se com o significado dúplice da afirmação que a propriedade é um direito absoluto. É-o sem dúvida, como direito que é oponível *erga omnes*, mas nunca como direito que não tem limites. Neste sentido, nenhum direito é absoluto, porque todos têm de conviver com outros direitos e deveres.

Seria absurdo conceber o direito intelectual como um direito cujo titular o pudesse exercer como entendesse. Isso daria por exemplo ao titular do direito industrial a faculdade de proibir qualquer referência à marca ou patente; ou ao titular do direito de autor a de proibir a citação.

É inadmissível. Mas antes de mais forja-se um silogismo errado. A propriedade não é um direito absoluto, neste sentido. A propriedade está desde logo sujeita ao princípio da função social, como todos os direitos[6]. A afirmação: "o direito intelectual é propriedade, logo deve ser liberto de limites" é gravemente errónea.

---

[4] E já a 100 anos no México, seu vizinho e parceiro na NAFTA.

[5] Cfr. os arts. 5 e 6 da Directriz n.º 01/29, de 22 de maio, sobre aspectos do direito de autor e dos direitos conexos na sociedade da informação. A submissão à regra dos três passos é incongruente, pois esta regra surge no art. 9/2 da Convenção de Berna para ocorrer a uma situação em que não havia limites expressos, e aqui vai restringir os limites que acabavam de ser especificamente demarcados: cfr. o nosso *Os limites dos limites. A teoria dos três passos. A tensão entre os limites do direito e as medidas tecnológicas e outras relativas à informação para a gestão dos direitos*, in "Los Límites del Derecho de Autor", AISGE/REUS (Madrid), 2006, 83-108.

[6] Esta subordinação atinge o acolhimento mais adiantado, a nível mundial, na Constituição brasileira de 1988.

A equiparação de propriedade e direito absoluto (neste sentido) representa pois um ponto de partida falso. Os direitos de propriedade, mesmo no auge do liberalismo, sempre foram sujeitos a restrições de vária ordem. Qualquer direito resulta necessariamente de um equilíbrio entre regras e cláusulas positivas e negativas, entre atribuições e restrições. O direito subjectivo é o complexo final, portanto a atribuição concretamente conferida.

Mas não é propriedade, como passamos a demonstrar.

3. Ambiguidade de "propriedade" no plano jurídico

Mesmo no plano jurídico, "propriedade" é ambíguo.

É-o, desde logo, no ramo do Direito das Coisas. Mesmo aí fala-se de propriedade, quer para designar o conjunto dos direitos reais, quer para designar um concreto direito real – o direito real máximo.

Há que fazer pois previamente uma clarificação. O sentido que nos ocupa, quando perguntamos se os direitos intelectuais constituem propriedades, é o sentido técnico, de um entre todos os direitos reais existentes – o chamado direito real máximo. Fica de fora o sentido espúrio de propriedade para designar todo o ramo dos direitos reais, que é muito melhor servido pelas designações Direitos Reais ou Direito das Coisas.

Mas feito este esclarecimento, oferece-se acrescentar que, fora do Direito das Coisas, encontramos novos e distintos sentidos de propriedade.

Desde logo isso acontece nas Constituições.

Na Constituição brasileira há uma garantia específica da protecção do direito de autor (art. 5/XXVII). Mas o que se garante é um "direito exclusivo", que não se qualifica como propriedade. O significado desta referência será adiante retomado. Em todo o caso, não exporemos aqui especificamente a ordem constitucional brasileira, porque a temos analisado já mais de uma vez[7].

Quanto ao art. 62 da Constituição portuguesa garante a propriedade, mas o sentido do preceito é muito amplo. Na realidade, abrange todos os direitos patrimoniais privados e não apenas o direito de propriedade como direito real

---

[7] Cfr. nomeadamente *Direito intelectual, exclusivo e liberdade*, in Revista da ABPI (São Paulo), n.º 59, Jul/Ago 2002; e *in* Revista da Ordem dos Advogados (Lisboa), ano 61-III, Dez/01, 1195-1217, 40-49; *Princípios constitucionais do Direito de Autor*, in Argumentum – Revista Científica da Faculdade Marista (Recife), vol. 1, 2005, 9-41; e *in* Revista Brasileira de Direito Constitucional, ESDC (São Paulo), Jan/Jun-05, 429-442.

máximo. Não custa concluir que abrange também os direitos intelectuais, na sua vertente patrimonial, mas vai muito além disso, uma vez que inclui todos os direitos patrimoniais adquiridos.

Os direitos intelectuais, uma vez adquiridos, beneficiam necessariamente deste regime. São direitos patrimoniais[8] privados; não podem consequentemente ser desapropriados ou de qualquer modo atingidos no seu âmbito essencial sem indemnização, nas mesmas condições que os outros direitos patrimoniais; estão sujeitos à função social… Mas nada disso é específico dos direitos intelectuais.

Especificamente relacionados com os direitos intelectuais podem estar outros preceitos da Constituição que dêem uma garantia institucional a estes direitos. Estes asseguram que haverá o instituto do Direito de Autor ou o do Direito Industrial. Assim acontece com o art. 42 da Constituição portuguesa, no que respeita ao Direito de Autor. Este preceito tem por epígrafe *Liberdade de criação intelectual*. No n.º 2 estabelece-se: "Esta liberdade compreende o direito à invenção, produção e divulgação da obra científica, literária ou artística, incluindo a protecção legal dos direitos de autor". A frase final é incorrecta e está desconexa na disposição em que foi entalada[9], mas dela resulta em qualquer caso uma garantia institucional do Direito de Autor: não poderá a ordem jurídica portuguesa deixar de incluir ou abolir o instituto do Direito de Autor.

Pelo contrário, a Constituição portuguesa não faz referência aos direitos industriais, nem mesmo para lhes atribuir uma garantia institucional.

Em qualquer caso, de uma garantia institucional, de ramo do Direito, nada se retira quanto à natureza dos direitos a atribuir. A Constituição não vincula quanto a serem ou não propriedade em sentido técnico.

Encontramos pois na Constituição apenas um sentido amplo de propriedade, segundo o qual *propriedade* é todo o direito patrimonial privado, para efeitos da garantia e da disciplina destes.

Mas, prosseguindo a análise, vemos que este é também o sentido em que "propriedade" é usado noutros sectores ainda da ordem jurídica.

Assim, quando se discute a justificação da propriedade, sem mais esclarecimentos, discute-se a justificação da propriedade privada, no sentido dos

---

[8] Salvo se reconhecermos que há também direitos intelectuais pessoais: esses estão fora da *ratio* do art. 62. Se não tiverem outro fundamento, não beneficiam da protecção constitucional. Mas isso é alheio a esta indagação sobre propriedade.

[9] Cfr. desde logo o nosso *Direito de Autor e Direitos Fundamentais*, in "Perspectivas Constitucionais. Nos 20 anos da Constituição de 1976" (coord. Jorge Miranda), II, Coimbra Editora, 1997, 181-193, n.º 1.

direitos patrimoniais privados, e não apenas a da existência de propriedade como direito real máximo.

Quando se discutem sociologicamente as consequências da apropriação privada de bens fala-se em propriedade[10], mas o que se tem em vista é a outorga de direitos reais privados sobre os bens exteriores, portanto dos direitos patrimoniais em geral.

Nestes e noutros casos, é essencialmente o património (privado) que está em causa. Usa-se a referência à propriedade no mesmo sentido com que esta é usada no sentido constitucional, mas que é diferente do sentido técnico e restrito jusprivatístico, da propriedade como o direito real máximo.

Ora bem: estes sentidos não interessam à nossa indagação. Os direitos intelectuais são abrangidos: por exemplo, são protegidos constitucionalmente do confisco. Mas isto por serem direitos patrimoniais. Nada interessa sequer o serem ou não direitos absolutos: isso está fora da garantia institucional. O que se protege é todo o património privado de ablações abusivas.

Há pois que abandonar esta seara. Para a determinação da natureza jurídica dos direitos intelectuais só interessa confrontá-los com o direito de propriedade em sentido estrito.

Fica assim desimpedido o caminho para a análise da questão fundamental que nos ocupa.

4. ORIGEM DA CONCEPÇÃO COMO PROPRIEDADE. A EXTINÇÃO DOS PRIVILÉGIOS

A História tem uma palavra essencial a dizer nesta querela.

A protecção do autor é muito recente. Marca-se o seu início com o Estatuto da Rainha Ana de 1710. Este vem por sua vez na sequência dos privilégios de impressão que passaram a ser concedidos após a introdução da imprensa.

Os primeiros beneficiários dos privilégios foram os editores: criava-se o exclusivo da reprodução. O Estatuto assegurou-o aos autores de escritos: é um *copyright*. Mas continuou a ser um privilégio, uma limitação da liberdade em benefício de pessoa determinada. Não se criam regimes automáticos.

A Constituição norte-americana é a primeira a prever especificamente a protecção do autor (de escritos) e do inventor, seguindo de perto o texto do Estatuto. Não garante os direitos intelectuais: é uma norma de autorização ao

---

[10] E às vezes até em posse.

Congresso para assegurar por tempo limitado "direito exclusivo" sobre os escritos e invenções[11].

Os países anglo-americanos não se preocuparam muito em saber se este direito representava uma privilégio. Mas para a Revolução Francesa, que surge em ruptura com o passado, isso é essencial. A Revolução proclamou a abolição de todos os privilégios. Ficariam então abolidos os privilégios concedidos aos autores? Uma vez que eram concessões individuais e agora se exalta apenas o que resulta da lei geral e abstracta.

Mas, como é sabido, a Revolução Francesa foi em primeira linha orientada pelos homens da pena – portanto, os principais interessados na protecção dos escritos. Rapidamente engendraram uma justificação da protecção que lhes interessava. Esta passava pelo recurso à propriedade.

A propriedade era então divinizada. A Declaração dos Direitos do Homem e do Cidadão de 1789, no seu art. 17, proclamava: "Sendo a propriedade um direito inviolável e sagrado…". Convinha então buscar abrigo para a protecção dos autores na sombra da sagrada propriedade. Já se não tratava dos execráveis privilégios, era uma propriedade que se reivindicava.

Mais ainda. O direito reclamado não é só de propriedade: é "a mais sagrada de todas as propriedades". É o sagrado do sagrado, a tender para uma protecção máxima.

Temos assim que a qualificação como propriedade teve na origem uma emergência histórica que foi aproveitada. Origem *ideológica*, no mau sentido da palavra: qualifica-se, não por atender à natureza do ser, mas para obter resultados que interessam.

Receamos que essa natureza ideológica continue a justificar a qualificação nos dias de hoje.

A "propriedade" foi atribuída primeiro sobre os escritos e mais tarde generalizada a outros tipos de obras. Só então nasce a Propriedade Literária, Artística e Científica, como por largos anos foi designada.

Por outro lado, tendo a "propriedade" sido apresentada como uma reincarnação do privilégio, que era estritamente económico, não dava espaço a aspectos pessoais. O chamado "direito moral de autor" demorou um século a despontar. Dele falaremos depois.

---

[11] Art. 1, secção 8, cl. 8.

5. Direito de autor e *copyright*

A evolução que acabamos de acompanhar, com referência ao Direito francês, comunicou-se aos países continentais europeus, que compunham o sistema romanístico do Direito; mas não se comunicou às Ilhas Britânicas nem aos Estados Unidos da América. Estes continuaram a viver no seu sistema próprio, pouco interessados em discussões sobre os privilégios.

O *copyright*, à letra o direito de cópia ou reprodução, manteve sempre o carácter tendencialmente empresarial. Não se absorveu o conceito europeu, que justifica a protecção do criador intelectual pela alta dignidade deste.

O *copyright* distanciou-se do sistema a que se foi chamando de "direito de autor" porque se não centra na criação, mas na obra. Não no acto e seu criador, mas no objecto resultante. Esta coisificação leva a que os direitos intelectuais tenham em vista as utilizações da obra e o modo de as realizar.

Diz-se nesses países: *tudo o que merece ser copiado merece ser protegido*. Não interessa a valia da criação, mas a existência objectiva dum *quid* imaterial que pode ser explorado.

Consequentemente, a exigência de criatividade é praticamente nula, falando-se antes em originalidade: a banalização da obra é recebida como normal. Por isso ainda, a lei inglesa de 1987 dá protecção autoral à obra produzida aleatoriamente por computador, marcando o ponto máximo do *direito de autor sem autor*.

Para o sistema anglo-americano o direito intelectual pode ser assim concebido como um exclusivo (privilégio?) duma actividade empresarial. A atribuição do direito intelectual a uma sociedade não causa por isso nenhuma perplexidade.

Que tem que ver isto com a concepção do direito de autor como propriedade? É difícil a transposição desta discussão para o sistema de *common law*, porque os quadros básicos não coincidem. Fala-se efectivamente em *property*, mas a noção de *property* não é equiparável sem mais à nossa propriedade, estendendo-se a várias situações patrimoniais. As discussões, nomeadamente sobre a natureza e direitos derivados de licenças, têm muito interesse[12] mas não para esta qualificação essencial dos direitos intelectuais. Por isso é melhor prosseguir o debate no sistema romanístico, para evitar um grande rodeio para que não seria esta a oportunidade própria.

---

[12] Veja-se a este propósito a arguta análise de David Rice, *Copyright as Talisman: Expanding Property in Digital Works*, in "International Revue of Law Computers & Technology", vol. 16, n.º 2 (2002), 113-132.

6. Criação, invenção e pessoa

Os direitos intelectuais poderão ser explicados pela ligação à personalidade de quem está na sua origem?

Há, efectivamente, teorias personalísticas sobre a natureza jurídica destes direitos. Mas não nos vamos demorar com elas porque, salvo sempre o respeito por quem as defende, não têm a menor verosimilhança. Os direitos industriais, particularmente, são puros elementos patrimoniais. O facto de se poderem divisar ainda faculdades pessoais, como a de ser indicado o nome do inventor, não transforma um direito patrimonial em direito pessoal.

Estas teorias estavam ligadas a justificações jusfilosóficas da protecção destes direitos, que pretendiam que a ligação da obra ou da invenção à personalidade ou engenho do criador ou inventor exigiria essa protecção. Revestem para nós o interesse particular de se ter procurado deduzir delas a atribuição da propriedade[13].

A justificação só poderia desde logo ser sectorial: por exemplo, os sinais distintivos do comércio, como as marcas, não são uma expressão do engenho humano. Ou os direitos conexos empresariais dos produtores de fonogramas ou dos organismos de radiodifusão. De todo o modo, de um debate sobre a justificação da tutela jurídica dos direitos intelectuais não é legítimo retirar ilações sobre a natureza da disciplina que vier a ser efectivamente estabelecida. Esse debate de pouco nos serve para o nosso objectivo, de determinar se os direitos intelectuais constituem ou não uma propriedade.

No domínio do direito de autor, porém, a questão reveste especificidade.

Como dissemos, o direito de autor nasceu meramente patrimonial, como uma metamorfose dos antigos privilégios.

No virar do séc. XIX para o séc. XX, porém, formulou-se em França a doutrina do *droit moral*. Ao lado e além do direito patrimonial o autor teria um direito "moral" – que correctamente devemos antes chamar **direito pessoal**. Este foi admitido *praeter legem*, originando as chamadas concepções

---

[13] Manoel Gonçalves Ferreira Filho, *A Propriedade Intelectual e o desenvolvimento tecnológico sob o prisma da Constituição brasileira*, in Anais 2002, XXII Seminário Nacional da Propriedade Intelectual (ABPI), "A Inserção da Propriedade Intelectual no Mundo Econômico", 25-30, considera (27/28) a propriedade intelectual um direito fundamental, derivando daí a propriedade: "Seu, porque produto de sua humanidade e, assim, projecção de sua eminente dignidade". O mesmo tema é versado a seguir por Denis Borges Barbosa (31-55), que parte porém da negação de um direito natural aos bens intelectuais (31-32) e chega consequentemente a conclusões muito diferentes.

dualistas do direito de autor: o autor teria dois direitos, o direito patrimonial e o direito pessoal.

A admissão de faculdades de carácter pessoal progrediu no sistema romanístico, tendo hoje uma aceitação generalizada. Pelo contrário o sistema anglo-americano, dada a sua índole empresarial, foi-lhe insensível. O Reino Unido só lhes atribuiu um lugar, aliás modesto, depois da integração na Comunidade Europeia. Os Estados Unidos da América, mesmo após a adesão à Convenção de Berna, continuaram a ignorá-las. Aqui reside um dos maiores pontos de contraste entre o sistema romanístico e o sistema anglo-americano.

Também no interior do sistema romanístico a sorte das faculdades pessoais não foi a mesma.

Em França tiveram um grande empolamento, dentro da concepção dualista. Admite-se um direito moral perpétuo. Daqui a milénios teríamos herdeiros de Víctor Hugo a reclamar a integridade das obras do autor...

Na Alemanha defende-se uma concepção monista. Faculdades patrimoniais e pessoais conjugam-se num único direito de autor. Fala-se em propriedade espiritual (*geistiges Eigentum*). Voltaremos a referi-la.

A questão, para o nosso tema, passa a ser a de conciliar faculdades patrimoniais e pessoais com o direito de propriedade, na medida em que a este escapa qualquer índole pessoal. A teoria monista enfrenta algo como a quadratura do círculo. A teoria dualista afirma que lado a lado coexistem uma propriedade e um direito de carácter pessoal.

7. A LEI E A PROPRIEDADE

Que resulta das leis, quanto à qualificação destes direitos como propriedade?

No domínio do Direito Industrial a qualificação como propriedade está generalizada. A Lei brasileira n.º 9 279, de 14.V.96, "regula os direitos e obrigações relativos à propriedade industrial". O Código da Propriedade Industrial (CPI) português de 2003 consagra-a também na própria designação; e vários preceitos qualificam os direitos singulares como propriedade[14].

Já no que respeita ao direito de autor as referências à propriedade foram abolidas, como dissemos, falando-se sempre só em direito de autor. A este se acrescentaram os direitos conexos.

---

[14] Por exemplo, o art. 224/1: "O registo confere ao seu titular o direito de propriedade e do exclusivo da marca...".

O actual Código Civil português (de 1966) contém previsões ambíguas. O art. 1302 dispõe que só as coisas corpóreas podem ser objecto do direito de propriedade regulado nesse código. O art. 1303/1 declara: "Os direitos de autor e a propriedade industrial estão sujeitos a legislação especial". Podem ser interpretados quer como excluindo-os da propriedade, quer como integrando-os mas remetendo a disciplina para outra sede. Porém, o art. 1303/2 refere uma "natureza daqueles direitos" a que haveria igualmente que atender.

Situação análoga se verifica no Direito brasileiro[15]. O mesmo acontece na Constituição, quando menciona uma e outra categoria: só no art. 5/XXXIX refere "a propriedade das marcas". A legislação ordinária manteve porém a referência à *propriedade industrial*. Já o Código Civil de 2002 omitiu acertadamente qualquer referência aos direitos intelectuais que pudesse servir de arrimo à tese da integração destes na categoria da propriedade.

Porém, seja como for, as qualificações legais não são vinculativas para o intérprete, salvo quando trouxerem implícito um regime jurídico – o que não é o caso. A lei só obriga ao seu regime, não às qualificações, construções ou definições, visto que o legislador não se presume sequer mais iluminado que qualquer intérprete. Portanto, qualquer que seja a interpretação daqueles preceitos, o problema da natureza jurídica dos direitos intelectuais permanece em aberto.

8. A NOÇÃO DE PROPRIEDADE DE QUE SE PARTE

Para resolver este problema, não basta atender ao que sejam os direitos intelectuais. É necessário partir de uma noção de propriedade.

Distinguimos[16], entre as muitas teorias que também neste domínio se debatem, teorias:

– quantitativas ou do domínio
– qualitativas ou da pertença
– mistas

As teorias quantitativas são aquelas para que aponta prevalentemente a expressão comum, direito real máximo. Mas supomos que a propriedade não

---

[15] Como dissemos, a Lei n.º 5 988, de 12 de dezembro de 1973, passou a falar em direito de autor, e não mais em propriedade.

[16] Cfr. o nosso *Direito Civil – Reais*, 5.ª ed., Coimbra Editora, 1993, n.º 222.

se define pela mera verificação que a propriedade tem conteúdo mais extenso que os outros direitos reais. O âmbito dos poderes concedidos varia historicamente, como historicamente variam também os limites que são impostos. Fica-se sem saber o que é esse direito relativamente mais extenso que não obstante encerra uma quantidade variável de poderes.

As teorias qualitativas acentuam o fenómeno de se estabelecer uma ligação tal do direito à coisa objecto da propriedade que permite que este se mantenha e eventualmente recupere poderes que tenham sido alienados, quaisquer que sejam a extensão dos poderes remanescentes e as vicissitudes da coisa. Porém, esta ligação híbrida dum direito a uma coisa é indefinível. Confunde-se com a inerência; mas esta é uma característica de todo o direito real e não apenas da propriedade.

As teorias ecléticas ou mistas, como de costume, não explicam mais que as outras e acumulam as deficiências e contrastes de ambas as posições que assimilam.

Vamos por outro caminho. Reconhecemos que a noção de propriedade tem de ser uma noção formal, porque está sujeita a grande variabilidade histórica. O que a unifica apesar disso é este direito ter a tendência para se expandir a todas as faculdades em relação a uma coisa que o Direito não exclua. Assim, a propriedade pode ser onerada por um usufruto, mas expande-se automaticamente quanto este se extingue: é o fenómeno da *elasticidade*. Do mesmo modo, se a lei reconhecer novas faculdades, automaticamente passam a compor o direito do titular.

Esta é uma concepção suficientemente maleável para abranger todas as formas de propriedade, nomeadamente a propriedade pública.

Também poderia, isoladamente tomada, abranger os direitos intelectuais. Mas aqui toca-se justamente um tema decisivo para esta questão.

9. Pode haver apropriação exclusiva de coisas incorpóreas?

Historicamente, o objecto da propriedade são coisas corpóreas. As leis civis respiram esse ambiente, ao prever apenas a propriedade de coisas corpóreas. Há uma coincidência no objecto da posse e da propriedade, uma vez que a propriedade das leis civis recai somente sobre as coisas susceptíveis de posse (que são as coisas corpóreas). Para a propriedade se estender a coisas incorpóreas terá de se indagar se essa extensão é admissível.

Pode um direito, moldado durante milénios para bens materiais, estar adequado a reger bens imateriais? Admitir-se-ia que o objecto do direito se tenha assim evoluído?

A obra ou a invenção são coisas incorpóreas. Uma escultura, por exemplo, não é o bloco de pedra que materializa a criação artística, mas a própria ideia artística que na pedra ficou materializada. A mais valia económica do exemplar original é uma realidade alheia ao direito de autor; mesmo o chamado direito de sequência, nomeadamente, será um direito sobre o exemplar, mas em si não é conteúdo do direito de autor, pois este recai sobre a obra como bem incorpóreo. Ou, se quisermos, o direito de autor recai sobre a expressão intelectual da ideia e não sobre o suporte material desta. Quando se vende a estátua, não se aliena o direito de autor.

A *obra* tem uma característica fundamental, que a diferencia das coisas corpóreas: **a ubiquidade**. A obra literária e artística não é aprisionável num dado continente. Comunica-se naturalmente a todos, desde que expressa ou revelada pelo seu autor. Não se desgasta com o uso, por mais extenso que ele seja. A poesia de Fernando Pessoa não se ressentiu com a globalização de que beneficiou.

E com isto surge uma diferença radical da propriedade comum. O autor pode naturalmente usar sempre a sua obra. Em nada essa faculdade é diminuída pelo facto de terceiros a usarem também, ainda que sem autorização. Inversamente, um proprietário deixa de poder usar se um terceiro se apodera da coisa.

Assim, o compositor continua a poder utilizar as suas sonatas, tocando-as no seu piano, ainda que estas sejam abusivamente exploradas por terceiro. Mas se lhe furtam o piano já não pode tocar; se lhe tiram os sapatos, fica descalço.

Esta diferença é radical. Os bens intelectuais, porque ubíquos, são inesgotáveis. As coisas corpóreas, pelo contrário, são de uso limitado. Cabe por isso ao Direito, necessariamente, ditar as regras de utilização dessas coisas.

Muitas vezes faz-se confusão entre o objecto dos direitos intelectuais, que é incorpóreo, e o suporte no qual se materializa. Assim, o Código do Direito de Autor e dos Direitos Conexos português, no art. 56/1, coloca entre os direitos "morais" do autor o de se opor à destruição da obra. Trata-se de uma grave confusão. A obra é indestrutível, pois um conteúdo intelectual não é susceptível de destruição. O que pode ser destruído é apenas o suporte material desta[17].

---

[17] E mesmo neste domínio a regra é claramente errada, pois afirmar indestrutíveis todos os suportes materiais de obras (meras provas tipográficas, por exemplo) é um contra-senso.

10. A DIVERSIDADE DE REGIME JURÍDICO

Não obstante, a concepção dos direitos intelectuais como propriedade poderia sustentar-se, invocando que as regras da propriedade sempre se aplicariam aos direitos intelectuais. Se é difícil defender uma aplicação directa, justamente em virtude da especialidade do regime, já se poderia afirmar uma aplicação subsidiária. Esta seria aliás expressamente contemplada no art. 1303/2 do Código Civil português, ao determinar que seriam subsidiariamente aplicáveis "as disposições deste código". Embora subsidiariamente e somente "quando se harmonizem com a natureza daqueles direitos e não contrariem o regime para eles especialmente estabelecido", arguir-se-ia que isso emanaria ainda de uma identidade básica de natureza.

O argumento poderia até reforçar-se com o art. 316 do Código da Propriedade Industrial, que estabelece que "a propriedade industrial tem as garantias estabelecidas por lei para a propriedade em geral". Sempre haveria assim um regime comum.

De facto, de há longo tempo se procura fundar a propriedade intelectual numa identidade de regime com a propriedade comum[18].

Mas a posição é equivocada. Uma coisa é a aplicação subsidiária de preceitos gerais ou de outros paralelos, outra a identidade de natureza.

É claro que são aplicáveis as regras gerais relativas aos direitos subjectivos, como as que respeitam à autodefesa, ou as próprias de todos os direitos patrimoniais, como as que estabelecem a "garantia constitucional da propriedade". Mas isso nada diz quanto à natureza dos direitos intelectuais ser a da propriedade, ou seja, um concreto direito real.

Só podem relevar as regras específicas da propriedade. Sobre isto, permitimo-nos transcrever o trecho que sobre a matéria escrevemos no nosso *Direito Autoral*[19]: "Mas foi justamente com base no exame do regime que Wolff//Raiser chegaram à posição radicalmente oposta. Afirmam que "nenhum dos princípios que regem a propriedade corpórea se aplica à propriedade espiritual: não há nenhuma reivindicação, as normas sobre aquisição da propriedade não se aplicam, etc."[20]. Da integração resultaria, pois, um conceito de propriedade inutilizável.

A afirmação foi por sua vez contestada.

---

[18] Assim procede, por exemplo, um autor prestigiado, Eugen Ulmer, *Urheber- und Verlagsrecht*, 3.ª ed., Springer, 1980, § 16 II.

[19] 2.ª ed., Renovar, 1997, n.º 448. Em Portugal, veja-se o nosso *Direito de Autor e Direitos Conexos* cit., n.º 467.

[20] *Sachenrecht*, § 51 IV 1.

Ulmer replica que a *actio negatoria* é comum[21]. Qualquer que seja, porém, a fisionomia que queiramos atribuir a esta *actio*, o certo é que a objecção não atinge o argumento de Wolff/Raiser. Estes acentuaram que os princípios específicos característicos da propriedade não se aplicavam ao direito de autor; ora a *actio negatoria* não é característica da propriedade ou do direito real, antes corresponde a todo o direito absoluto[22]. Portanto, a coincidência em nada enfraquece o argumento de Wolff/Raiser[23].

Esta diferença é impressionante e devia bastar só por si para indiciar uma diferença de natureza. A propriedade, tal como é delineada nas nossas leis, pressupõe o carácter material do objecto e a susceptibilidade de actos de posse em relação a este, o que não acontece no direito de autor.

O mesmo há que sustentar no domínio da pretensa propriedade industrial.

De facto, o que os autores provam é que os direitos intelectuais são direitos absolutos (o que não é mais que arrombar uma porta aberta), mas não que sejam propriedade.

A esta crítica não escapa a concepção germânica da "propriedade espiritual". Receamos que esta não represente mais que uma composição semântica, que se limite a chamar a atenção para os elementos pessoais contidos no direito de autor. Mas o que estava em causa era a submissão às regras características da propriedade. Neste domínio, os próprios aderentes da qualificação reconhecem afinal que a propriedade espiritual é diversa da propriedade comum, não só no objecto, mas também na forma do domínio[24]. Com esta confissão da diversidade se afastariam críticas que contra a teoria da propriedade foram dirigidas. Mas sendo assim não adianta nada falar em propriedade, pois tal recurso não é justificado por um regime unitário. Cremos, aliás, que não é possível elaborar um conceito que englobe sem contradição a propriedade corrente e esta "propriedade espiritual"[25].

Um juízo análogo haverá que proferir no respeitante às orientações que caracterizam o direito de autor como um direito especial ou direito *sui generis*[26]. Têm o mérito, pela negativa, de marcar a distância em relação à pro-

---

[21] *Urheber* cit., § 16 IV 2.

[22] Cfr. Wolff/Raiser, *Sachenrecht*, § 87 III.

[23] Vejam-se outros aspetos em Hubmann, *Urheber*, § 8 I 3 (hoje a citação referir-se-ia a Rehbinder, que continuou a obra, *Urheberrecht*, § 8 I 3).

[24] Ulmer, *Urheber*, § 16 IV 2; Hubmann, *Urheber*, § 1/4.

[25] *Direito Autoral* cit., n.º 448 III.

[26] Cfr. por exemplo Giselda Hironaka/Silmara Chinelato, *Propriedade e posse: uma releitura dos ancestrais institutos. Reflexos no Direito Autoral*, in "Revista de Direito Autoral (ABDA), ano I, n.º I, agosto/2004, 35-72, particularmente a págs. 68-70.

priedade, mas dizer simplesmente que é *sui generis* é parar a meio caminho. É indispensável determinar em que categoria se situa o direito de autor, dentro das classes de direitos subjectivos que a ordem jurídica conhece.

11. O PRINCÍPIO GERAL DA LIBERDADE E A DEMARCAÇÃO SECTORIAL DE EXCLUSIVOS

Como dissemos já, procurou-se fundar a "propriedade" na criatividade e inventividade humanas. Nada é mais próprio do Homem que o que provém do seu espírito, diz-se. Portanto as criações intelectuais e as invenções teriam naturalmente de ser protegidas por uma propriedade. Esta evidência impor-se-ia à ordem jurídica positiva.

Não iremos entrar no debate das justificações dos direitos intelectuais. Dissemos já que este tipo de fundamentação tem logo à partida o vício de, no máximo, ser sectorial: deixaria de fora os direitos intelectuais outorgados por lei em benefício de empresas. Ignoraria ainda que actualmente o grande beneficiário do Direito Intelectual é a empresa, a quem os vastos direitos outorgados afinal de contas aproveitam.

Nesta altura, basta-nos observar que esta justificação "transcendente" do direito intelectual, que desembocaria na propriedade como forçosa consequência, é inaceitável.

O espírito humano possui uma espantosa capacidade de criação. O seu ponto mais alto está na criação das ideias. Prolonga-se depois na expressão destas, na inventividade, na aplicação industrial, na execução artística... Mas nem por isso toda a criação intelectual é protegida por um direito intelectual exclusivo.

Podemos mesmo dizer que os pontos mais altos do génio humano não recebem nenhuma protecção.

Antes de mais, as ideias. As grandes concepções filosóficas, por exemplo. Também as descobertas. As geniais teorias científicas. Ou os estilos de arte. Ou os modos de representação e execução artísticas. Tudo isto é livre. Pode ser imediatamente apoderado ou imitado por quem deles tiver conhecimento.

Por quê assim, quando a ideia, que é livre, não tem seguramente menos valia que a sua expressão, que é protegida? Ou a teoria científica: é livre, enquanto a invenção industrializável dela decorrente é objecto de protecção por patente?

Por considerações de interesse colectivo, que falam mais alto que a pretensa propriedade das criações do espírito. Há a necessidade de manter livres as ideias, porque essa liberdade é indispensável ao diálogo social. Ou os esquemas ou instruções para a acção, para que se propaguem rapidamente e todos aproveitem. Ou as teorias e hipóteses científicas. Ou o jeito pessoal dum cantor. Tudo isto é e deve permanecer livre, porque há a necessidade de manter a disponibilidade para fomentar o progresso social e cultural.

Pelo contrário, há manifestações do espírito humano cujos resultados podem ser objecto duma reserva, porque por sua índole esta limitação à liberdade social não tem o mesmo impacto negativo. Esses são justamente os domínios em que se outorgam os direitos intelectuais.

Como se procede, então? Atribui-se a uma pessoa o exclusivo da actividade em causa, porque isso favorece o desenvolvimento social. Quando tem na base uma criação no domínio da forma ou uma invenção, o exclusivo premeia, alegadamente, o contributo trazido ao acervo comunitário e permitirá ressarcir os esforços necessários para a sua consecução. Tem ainda o efeito sobre os restantes membros da comunidade de estimular as actividades com idênticos objectivos, pela garantia da protecção dos eventuais resultados. Esta é a justificação "oficial" que não discutiremos aqui, embora seja evidente que o fervor protectivo é hoje muito mais dirigido à recuperação dos investimentos e à segurança dos lucros que à exaltação da dignidade das realizações do espírito humano.

Volta-se assim à razão inicial que levou à atribuição de privilégios aos impressores. Mas como surge com carácter geral o direito não é um privilégio, é um exclusivo. Se se acentua o carácter económico, é um monopólio.

Uma ideia, ou um bem incorpóreo em geral, não se aprisiona. Expande-se por todos por natureza. Mas a sua utilização, particularmente a sua utilização económica, pode ser reservada a alguns. Isso cria necessariamente um constrangimento social, porque limita a liberdade de todos os outros. Por isso o exclusivo deve ser por tempo limitado. Decorrido este, o bem intelectual recai no domínio público. O seu destino final é a liberdade (salvo no que respeita aos direitos sobre sinais distintivos do comércio, como a marca, quer têm outra justificação, pelo que não há motivo para excluir a perpetuidade tendencial). Mesmo durante o tempo de duração o exclusivo deve ser limitado, de modo a conciliar as finalidades ou vantagens do titular com o interesse geral.

Mas sendo assim, o direito intelectual caracteriza-se como uma restrição à liberdade que naturalmente existiria se não houvesse a intervenção da regra legal. O direito intelectual é por si uma excepção à liberdade geral de utilização das ideias. Como excepção, deve ser parcimoniosamente admitida, com a consciência que é sempre a consideração do interesse colectivo que determina quais os sectores que podem ser sujeitos a exclusivo temporário; e quando assim acontecer, qual o âmbito a atribuir a esse exclusivo.

12. A RARIFICAÇÃO ARTIFICIAL DOS BENS INTELECTUAIS

Isto conduz a um ponto decisivo no entendimento dos direitos intelectuais.

A maneira normal de atribuição de direitos subjectivos realiza-se mediante o estabelecimento de regras positivas e negativas que demarcam a atribuição efectivamente realizada. O direito afinal outorgado é a resultante de todas essas regras. Não há que designar as regras negativas como *excepções*, mas simplesmente *limites*, pois todas concorrem em igualdade de condições para definir a posição do beneficiário.

Bens como a terra, os navios, as máquinas, as coisas corpóreas em geral, são **raros**. A utilização por uns priva os outros dessa utilização. Não obstante, as coisas raras são em larga medida repartidas, porque se parte do pressuposto que é preferível um mundo de coisas apropriadas para assim evitar a litigiosidade e tirar do interesse do titular a maior vantagem social.

As coisas que não são raras, como o ar, a água do mar, os raios solares, não são objecto de propriedade. Ficam naturalmente à disposição de todos.

Os bens intelectuais não são raros. Como dissemos, são ubíquos e inesgotáveis. São passíveis de utilização cumulativa por todos, sem constrangimento para ninguém. Cabem assim na liberdade natural. Portanto, naturalmente, não seriam objecto de apropriação. Assim se viveu durante milénios, desde o aparecimento do homem até à invenção da imprensa.

A protecção do investimento que passou a ser necessário levou à criação de privilégios e subsequentemente, ao instituto do direito de autor; e após isso aos outros direitos intelectuais, pela evolução atrás assinalada.

Como é possível essa atribuição, se os bens intelectuais não são raros? **Pela intervenção da regra jurídica, que rarifica artificialmente bens que não são raros.**

Procede-se tecnicamente através de regras proibitivas, que excluem a generalidade das pessoas do exercício daquela actividade. Todos, menos aquele que se quer beneficiar. Como todos os outros são afastados, este passa a usufruir de um círculo em que pode actuar sem concorrência.

Esta é a técnica do exclusivo. Consiste em rarificar actividades que naturalmente seriam livres – o que é muito nítido em sociedades dominadas pelo princípio da liberdade de iniciativa económica. Tornada rara, a actividade fica reservada para a pessoa beneficiada.

Mas o exclusivo tem ainda outra característica singular. Dissemos que a atribuição de direitos se faz através de regras positivas e negativas. **Mas os exclusivos resultam apenas de regras negativas.** Ao beneficiário não é atribuído positivamente nada. Não recebe o direito de exercer, porque esse estava já compreendido na sua liberdade natural. O seu direito é assim um reflexo das proibições que foram dirigidas a todos os outros.

Recentemente, o *lobby* dos arquitectos bateu-se em Portugal pelo que chamou o *direito à arquitectura*[27]. Pretende que todos os projectos de arquitectura passem a ser assinados por um arquitecto, o que anteriormente não se verificava. Foi apresentado como gerando um direito, quando afinal gera uma nova obrigação, donde resulta um monopólio dessa actividade para os arquitectos[28]. Mas estes não recebem nada de novo, uma vez que assinar projectos já o podiam fazer: o direito que lhes é atribuído resulta tão somente da regra negativa que proíbe essa actividade a quaisquer outras pessoas.

13. A AUSÊNCIA DE CONTEÚDO POSITIVO NOS DIREITOS INTELECTUAIS

Este é o método normal de actuação dos monopólios (económicos): lembramos os monopólios de fabrico de fósforos e de tabaco, bem como tudo o que resultava, mais genericamente, das regras de condicionamento industrial. Constituem-se sobre actividades que estariam doutro modo na esfera normal de liberdade. Só são gerados por proibições; como tal, só têm a vertente negativa, ao contrário dos outros direitos subjectivos.

Assim acontece com os direitos intelectuais. O que seria a vertente ou conteúdo positivo destes direitos é afinal apenas manifestação da liberdade natural de utilização de ideias; mais genericamente, da utilização de coisas incorpóreas. Por isso, o direito intelectual não dá ao titular nada que ele não tivesse já: apenas, não estende até ele a proibição que atinge todos os outros.

Esta estrutura do direito intelectual é tão radical que nada tem de anómalo que o titular dum direito intelectual não tenha também ele próprio o poder de fazer o uso normal do objecto do direito que, não obstante, lhe é atribuído. Parece paradoxal, mas afinal verifica-se em várias situações.

Consideremos uma patente. À primeira vista pensaríamos que a patente dá o direito de utilizar a invenção, direito esse que anteriormente o titular não

---

[27] Demagogicamente, o que representa uma obrigação nova para todas as pessoas – ter de recorrer sempre a um arquitecto – foi apresentado como a outorga dum novo direito, o direito à arquitectura. É muito sintomático deste tempo em que a inversão semântica domina e a progressiva redução do espaço de liberdade é embrulhada nas vestes de novos direitos que se oferecem...

[28] Podemos falar de um exclusivo como direito de uma categoria.

tinha. Mas não é assim. O poder de utilizar, a existir como faculdade natural, tinha-o o titular como todos os outros. Mas também pode não o ter mesmo após conferida a patente, por essa actividade ser genericamente condicionada. Por isso, autores significativos observam expressamente que a patente não atribui positivamente nada[29].

Suponhamos uma patente de medicamento. Após conferida, o titular tem o direito: por isso pode logo opor-se a que terceiro explore a invenção. Mas não tem ele próprio o direito de lançar o medicamento no mercado. Para isso será necessário ainda submetê-lo a ensaios clínicos, que terão de ser apreciados pela entidade administrativa competente. Pode mesmo o medicamento nunca chegar a ser aprovado. O titular tem não obstante a patente, que se manifesta no poder de proibir, mas nunca chega a ter o poder de usar.

Outro exemplo é o da obra intelectual ilícita, seja qual for a causa da ilicitude. Discute-se se ao criador é atribuído nesse caso o direito de autor. A nossa resposta é positiva: o direito de autor é atribuído, como decorrência automática da criação. Mas não poderá exercer a exploração normal da obra, porque há a proibição do exercício.

Qual é então o significado de se dizer que há um direito intelectual, se a utilização está proibida? Consiste justamente na atribuição pela vertente negativa: o titular pode proibir aos outros essa utilização – por exemplo, a realizada noutro país em que tenha feito registar a patente mas em que a proibição de exercício não exista.

Mais ainda: pode conceder licenças para a produção de obras derivadas, que aproveitem a essência criativa da obra mas a expurguem do conteúdo proibido. Representaria uma transformação, em sentido amplo, da obra. Mas esta terá de ser autorizada pelo autor, nos termos normais. Em matéria de patentes é muito elucidativa a concessão duma licença dependente, relativa pois a uma invenção que implique o aproveitamento da invenção primígena. Pode esta todavia referir-se a domínio em que a proibição de exercício não vigore.

A necessidade desta solução demonstra que há realmente um direito, que pode ser exercido no plano meramente jurídico, mas que não dá positivamente faculdades de utilização da obra.

---

[29] Cfr. por exemplo Willi Rothley, *Warum das Europäische Parlament nochmals über den Schutz biothechnologischer Erfindungen nachdenken sollte*, GRUR International 6/95, 481-483 (482): "A patente como tal não autoriza nada de positivo e não proíbe nada em geral".

14. A URGÊNCIA DUM NOVO EQUILÍBRIO

Este entendimento da natureza jurídica dos direitos intelectuais dá-nos uma base sólida para o desenvolvimento deste ramo do Direito em pontos hoje fundamentais.

Desde logo: todo o monopólio, ou exclusivo, é uma excepção à liberdade natural e ao diálogo social.

Mas se a liberdade é o princípio geral[30], a criação de exclusivos é excepção a essa liberdade. Daí deriva que os exclusivos devem ser interpretados restritivamente.

Acontece porém que na literatura especializada encontramos com frequência a afirmação que as restrições aos direitos intelectuais são excepções, e portanto são estas que devem ser parcimoniosamente admitidas. Semelhante posição seria reforçada pelo falso argumento do carácter absoluto que se retira, como dissemos (*supra*, n.º 2), da concepção destes direitos como uma propriedade.

Não é assim. Não há na lei nenhuma pista neste sentido[31]. E se a prioridade está nas grandes liberdades, nomeadamente nas de expressão, de informação e de iniciativa, são os exclusivos que são excepcionais.

As restrições aos exclusivos representam a negação da negação. Limitam o âmbito do exclusivo, pelo que algumas actividades são poupadas e permanecem na liberdade geral dos membros da comunidade. São por isso tão normais como quaisquer outras regras. Não são por si excepcionais.

O caminho que fica assim aberto é o de encontrar o equilíbrio entre a vantagem social de estabelecer exclusivos temporários, que beneficiem ramos de actividade socialmente úteis e permitam a quem contribuir com obras, invenções e outros bens intelectuais susceptíveis de exclusivo uma remuneração justa, frente à necessidade social oposta de manter quanto possível desobstruídos os canais da informação, da concorrência, da cultura – em geral, as vias da comunicação e do diálogo social.

Uma correcta concepção dos direitos intelectuais representa um antídoto contra o Direito dos *lobbies* e é um factor desse novo equilíbrio.

Concluindo: um direito intelectual não é um direito de utilização de bens. Consiste essencialmente na resultante da exclusão de terceiros de actividades relativas a bens intelectuais. É por isso um direito de exclusivo e não um direito de propriedade.

---

[30] Só poderia não acontecer assim em sociedades, que constituem mais modelos teóricos, que fossem integralmente dominadas pelo princípio da competência.

[31] Temos aqui exclusivamente em vista os limites legais, não os convencionais, que exigiriam exame próprio.

O DIREITO DE AUTOR E AS LICENÇAS DE UTILIZAÇÃO SOBRE PROGRAMAS DE COMPUTADOR – O CONTRIBUTO DOS CONTRATOS PARA A COMPREENSÃO DO DIREITO

Cláudia Trabuco[1]

1. Explicação quanto ao tema e natureza do texto

O presente texto corresponde, no essencial, à exposição feita em 30 de Novembro de 2006 na Faculdade de Direito da Universidade Nova de Lisboa, a convite do Professor Doutor Carlos Ferreira de Almeida e integrada na disciplina de Prática Jurídica Interdisciplinar I.

Sendo o tema geral do plano curricular da referida disciplina a(s) *Propriedade(s)*, "em volta do qual se cruzarão diferentes perspectivas e concepções usadas em diferentes disciplinas", era intenção do Professor Ferreira de Almeida dar também aos estudantes uma ideia de como se pode compreender um tal direito no que respeita a alguns bens imateriais. No que respeita aos *bens informáticos* sobre os quais recaem direitos exclusivos, como sucede com os programas de computador ou as bases de dados, pretendeu ainda questionar-se se poderá e deverá ainda falar-se em direito de propriedade.

A aula que me coube teve por referência os programas de computador e aparecia na sequência lógica de uma prelecção sobre "propriedade e direitos intelectuais", realizada pelo Professor Doutor José de Oliveira Ascensão, inscrevendo-se no programa, tal como o compreendi na altura, como uma espécie de teste a algumas das conclusões que os estudantes teriam podido extrair dessa exposição anterior. E teste porquê? Por duas ordens de razões: por um lado, porque a inserção de alguns bens informáticos entre os objectos protegidos pelos direitos intelectuais não é pacífica, sendo o expoente máximo de tais dúvidas a natureza jurídica da protecção dos programas de computador; por outro lado, porque as peculiaridades da tutela jurídica de tais programas obrigam a inter-relacionar dois aspectos, o jus-autoral e o contratual, que apenas conjuntamente permitem lograr um correcto entendimento do fenómeno.

---

[1] Professora da Faculdade de Direito da Universidade Nova de Lisboa.

Os resultados que apresentei então e que ora relato não vão além de algumas considerações preliminares de um estudo mais abrangente – estudo esse que tenho vindo a desenvolver e que se encontra ainda em curso – sobre o contrato de licença como paradigma das transacções sobre direitos de exploração patrimonial ou de utilização de bens intelectuais. Têm, por isso, neste momento, essencialmente por finalidade dar conta do estado da arte no que respeita ao problema colocado e enunciar algumas conclusões que foi já possível extrair da análise feita.

2. Delimitação do objecto do direito

2.1. Os programas de computador como bens informáticos

A referência a bens informáticos é susceptível de incluir bens de cariz diverso, que importa distinguir para delimitar o objecto do presente trabalho. *Bens informáticos* são quer elementos que compõem um sistema de *hardware*, aí incluídos todos os componentes físicos de um computador (dos quais o mais importante é a unidade de processamento central) e os respectivos dispositivos periféricos (teclado, monitor, *modem*, impressora, *scanner*…), quer também o chamado *software*, expressão genérica que designa habitualmente um programa de computador ou um conjunto de programas de computador[2].

A expressão tem, porém, vindo a ser utilizada com um alcance mais abrangente, correspondente de algum modo a objectos de estudo de um campo a que se poderia chamar "Direito da Informática", aí incluindo, entre outros, as topografias de produtos semicondutores, as bases de dados electrónicas e, dado a utilização que pressupõem de programas de computador, as próprias obras multimédia[3].

O recurso a uma expressão genérica, como a de bens informáticos, englobando tanto o *hardware* como o *software*, tem uma utilidade circunscrita,

---

[2] Para uma distinção entre *hardware* e *software*, leia-se, por todos, David Bainbridge, *Software Copyright Law*, 3.ª ed., London, Butterworths, 1997, e, na doutrina portuguesa, a introdução feita por José Alberto Vieira, *A protecção dos programas de computador pelo Direito de Autor*, Lisboa, Lex, 2005, pp. 12-16.

[3] Cfr., por exemplo, José de Oliveira Ascensão, *Direito de Autor e Informática Jurídica*, pp. 7-14, e *Direitos do utilizador de bens informáticos*, pp. 23-28, ambos *in Idem*, "Estudos sobre Direito da Internet e da Sociedade da Informação", Coimbra, Almedina, 2001.

sendo vulgarmente apenas utilizada na identificação do objecto dos chamados "contratos informáticos", ou seja, dos contratos que se caracterizam justamente por terem tais bens como objectos contratuais, normalmente para distinguir estes últimos dos "contratos electrónicos" em que, independentemente do objecto, os dispositivos informáticos são colocados ao serviço das partes no *iter* contratual para expressão do seu consentimento[4].

Para o demais, porém, designadamente para efeitos da protecção jurídica dos bens informáticos, esta designação geral reveste-se de pouco ou nenhum interesse, pois que, se os programas de computador aparecem hoje, como se verá seguidamente, protegidos no âmbito do direito de autor, os direitos sobre os componentes de *hardware* beneficiam, em regra, de protecção por direitos de propriedade industrial, e, em especial, por direitos de patente.

2.2. Noção e espécies de programas de computador

Encontra-se ausente do Decreto-Lei n.º 252/94, de 20 de Outubro, que transpôs para a ordem interna a directiva comunitária que procedeu à harmonização do regime dos programas de computador[5], uma definição legal de programa de computador. O mesmo sucedia, aliás, no instrumento legislativo de Direito Comunitário de onde parte este regime, o que se justificou então pelo prudente motivo de que qualquer noção que viesse a ser estabilizada se tornaria a breve trecho obsoleta e, por isso, inútil[6].

O legislador português ensaiou ainda uma delimitação do regime através do estabelecimento de uma noção de programa de computador, que corresponde, em rigor, a uma noção informática, na chamada Lei da Criminalidade Informática (Lei n.º 109/91, de 7 de Agosto). Aí se identifica o programa de computador como "um conjunto de instruções capazes, quando inseridas num suporte explorável em máquina, de permitir à máquina que tem por

---

[4] Operando uma tal distinção, cfr. Juan Pablo Aparicio Vaquero, *Licencias de uso no personalizadas de programas de ordenador*, Granada, Editorial Comares, 2004, p. 7 e seguintes.

[5] Directiva n.º 91/250/CEE do Conselho, de 14 de Maio de 1991, relativa à protecção jurídica dos programas de computador, *in* JOCE L 122, de 17/5/1991, pp. 42-46.

[6] Cfr. o memorando explicativo que acompanha a proposta de directiva ao Conselho sobre a protecção jurídica dos programas informáticos (COM (88) 816 final) apresentada pela Comissão a 5 de Janeiro de 1989 (*in* JOCE C/91, de 12/4/1989). Neste ponto, a Directiva não seguiu a orientação que constava do Livro Verde de 1988 (CCE, *Livro Verde sobre os direitos de autor e o desafio da tecnologia*, COM (88) 172, 16/3/1989, *in* JOCE C71, de 23/3/89, p. 164), onde o programa informático aparecia descrito como "um conjunto de instruções destinado a permitir que um dispositivo de tratamento da informação, um computador, execute as suas funções".

funções o tratamento de informações indicar, executar ou produzir determinada função, tarefa ou resultado" (artigo 2.º, alínea c)). Esta noção, porém, é tida pela doutrina como encontrando-se ultrapassada pelo "conceito normativo de programa de computador subjacente ao DL n.º 252/94"[7], que incluiria não apenas o programa de computador (o código do programa: código fonte e código objecto) mas também o respectivo material de concepção preliminar[8].

Dentro desta noção cabem diferentes espécies de programas, diferenciáveis consoante critérios vários. Sem querer entrar numa análise aprofundada sobre os tipos de *software* existentes e comercializáveis, que julgo dispensável para os efeitos de enquadramento do presente trabalho, sempre será de dizer que a distinção a fazer varia consoante a perspectiva adoptada seja uma perspectiva exclusivamente técnica ou funcional ou uma perspectiva comercial.

Recorrendo à primeira, é de distinguir entre o *software* de base ou de sistema, ou seja, os sistemas operativos compostos de séries de instruções que visam permitir que a unidade de processamento central funcione como um computador, gerando a interacção entre os elementos do *hardware* e entre estes e as aplicações, por um lado, e os programas de aplicação ou de utilidade, que correspondem a programas de computador desenhados para permitirem aos utilizadores a satisfação das mais variadas necessidades a um nível mais ou menos complexo (processamento de texto, cálculo, jogos, desenho técnico, compressão ou desfragmentação de discos, entre muitos outros), por outro[9].

Se o ponto de vista adoptado for o das modalidades de comercialização dos programas de computador, é ainda possível distinguir os programas consoante um de dois sub-critérios. Atendendo à finalidade do programa e ao nível de satisfação de necessidades do produto, distingue-se entre os programas *padronizados*, criados para a distribuição em massa e comercializados

---

[7] Assim, José Alberto Vieira, *A protecção dos programas...*, cit., p. 17, n. 33.

[8] *Idem*, p. 17 e 271 e seguintes, e Alexandre Dias Pereira, *Informática, Direito de Autor e propriedade tecnodigital*, Coimbra, Coimbra Editora, 2001, p. 473. Do mesmo modo, a respeito da legislação espanhola, Juan Pablo Aparicio Vaquero, *Licencias de uso...*, cit., p. 27; José Miguel Rodríguez Tapia, *Comentarios a la Ley de Propiedad Intelectual*, Navarra, Civitas, 2007, p. 534.

[9] Partindo de um ponto de vista técnico, há ainda quem considere a existência de um *tertium genus* onde teríamos os chamados "microcódigos", incorporados no *hardware* e que, através de uma série de microinstruções, possibilitam a realização de operações básicas do computador, substituindo as funções que poderiam ser desempenhadas por componentes físicas de *hardware* e sendo por isso identificados normalmente como *firmware*. No direito português, cfr. José Alberto Vieira, *A protecção dos programas...*, cit., p. 20.

sem alterações, os programas desenvolvidos especificamente para responderem a necessidades específicas de um cliente (*adaptados*) e ainda os chamados programas *personalizados*, isto é, resultantes da adaptação de programas padrão aos interesses de determinados grupos de utilizadores[10]. No que respeita ao conteúdo e finalidade do negócio celebrado sobre o programa, diferencia-se, consoante o carácter gratuito ou oneroso da distribuição realizada, entre os programas pagos, o chamado *shareware* (em que são distribuídas versões de demonstração de programas, às quais são subtraídas determinadas funcionalidades até ao momento da aquisição da licença do programa ou em que o utilizador tem direito apenas a um conjunto de utilizações gratuitas ou é de outra forma recordado da necessidade de obter a licença necessária para poder continuar a utilizá-lo) e ainda o *freeware* (em que os programas são postos à disposição dos utilizadores, designadamente através das redes digitais, de forma gratuita, não obstante poder ser reservado ao autor o acesso ao código fonte do programa, salvas as excepções legalmente previstas)[11].

3. BREVES CONSIDERAÇÕES SOBRE A NATUREZA JURÍDICA DO DIREITO

No direito português, a atribuição aos "programas de computador que tiverem carácter criativo" de uma "protecção análoga às obras literárias"[12]

---

[10] A distinção pertence a Juan Pablo Aparicio Vaquero, *Licencias de uso...*, cit., p. 23.

[11] Neste sentido, este critério de distinção não se confunde com uma outra possível classificação que atende já ao conjunto dos poderes postos à disposição do utilizador, em que é possível encontrar programas ditos de "código aberto" (*open source, free source*) pois que tanto a utilização do programa como a utilização do respectivo código fonte estão ao alcance do utilizador final, ainda que a utilização do programa esteja sujeita a autorização do titular dos direitos sobre este. É certo que os programas podem ser distribuídos gratuita ou onerosamente "*pero siempre sin prohibiciones de transferencia y com entrega del codigo fuente*", sendo os exemplos mais conhecidos os sistemas operativos baseados em UNIX ou Linux. *Idem*, pp. 24-25.

[12] Artigo 1.º, n.º 2. Cfr. as críticas tecidas a respeito desta opção por Manuel Oehen Mendes, *Tutela jurídica das topografias dos circuitos integrados*, in FDL, ADPI (org.), "Direito da Sociedade de Informação", vol. I, Coimbra, Coimbra Editora, 1999, *maxime* pp. 121-127. De acordo com este autor, a opção tomada por este Decreto-Lei, retomando uma via de protecção *sui generis* do direito, que no plano internacional havia já sido rejeitada em prol das teorias jusautorais, aparecia inquinada por violar o disposto na Directiva n.º 91/250/CEE, cujo artigo 1.º, n.º 1 obriga os Estados à concessão de direitos de autor para tutela dos programas de computador "enquanto obras literárias, na acepção da Convenção de Berna". Para além disso, em virtude do princípio da tipicidade taxativa dos direitos intelectuais, Manuel Oehen Mendes julga ser impossível aplicar-lhes analogicamente o regime jurídico do direito de autor, o que cria-

pelo Decreto-Lei n.º 252/94 é uma solução que sofre ainda hoje inúmeros reparos, nomeadamente por parte de alguma doutrina nacional que não reconhece à fórmula do programa de computador, enquanto "expressão obrigatória dum processo", as características essenciais de uma obra literária[13].

Estas mesmas críticas terão originado o regime algo surpreendente vertido no Decreto-Lei n.º 252/94 e, bem assim, a própria opção pela sua expressão formal num diploma autónomo e não, como sucedeu noutros países da União Europeia, no Código de Direito de Autor. O resultado, porém, apresenta algumas fragilidades. Afirma alguma doutrina que, ao não considerar os programas de computador como obras do domínio literário *proprio sensu*, o

---

ria, no seu entender, uma situação de regulação particularmente difícil deste "novo bem imaterial protegido".

Muito embora considere inusitadas algumas das opções do legislador nacional, quando confrontadas com os objectivos clara e expressamente manifestados pela Directiva que se visou transpor, tive já ocasião de rejeitar anteriormente esta linha de argumentação (Cláudia Trabuco, *O direito de reprodução de obras literárias e artísticas no ambiente digital*, Coimbra, Coimbra Editora, 2006, pp. 252-252, n. 132) com base na necessidade de ter em conta o princípio da interpretação do direito nacional "à luz do texto e da finalidade da directiva" de acordo com o disposto na jurisprudência do TJCE (cfr. o acórdão *Von Colson e Kamman c. Land NordrheinWestfalen*, de 10 de Abril de 1984, Processo n.º 14/83). A presunção de que o Estado português teve a intenção de cumprir as obrigações a que estava adstrito no plano do direito comunitário e a própria obrigatoriedade do direito comunitário justificam que se defenda que a intenção do legislador seria neste caso a de, na sua tarefa de transposição da Directiva programas de computador, aplicar a estes bens imateriais o regime do direito de autor, tomando-os como obras literárias, tal como tem vindo a ser defendido, aliás, quer no plano internacional, quer no plano nacional.

[13] Assim, José de Oliveira Ascensão, *A protecção jurídica dos programas de computador*, ROA, Ano 50, I, 1990, *maxime* pp. 97-112. Em 1990, Oliveira Ascensão propunha uma aproximação ao direito das patentes, considerando a tutela através do Direito de Autor demasiado abrangente e pouco adequada. Situando o programa de computador entre as coisas incorpóreas, distingue-o da materialização que este normalmente implica – o seu *corpus mechanicus* – mas também do algoritmo, isto é, "a ideia ou solução lógica ou matemática que está na base daquele procedimento" do qual o programa de computador é apenas exteriorização ou objectivação. No âmbito do direito de autor, a esta expressão deve corresponder alguma criatividade, isto é, "a forma não pode ser uma expressão servil da realidade", o que afasta do conceito de obra protegida os meros planos ou esquemas de acção. Entre estes últimos, situa os programas de computador, que apenas permitem um procedimento através do qual se poderão obter determinados resultados. Distingue depois este procedimento da "expressão linguística" dos programas, autónoma em relação àquele porque apenas procede à sua descrição, entendida como tradução através de símbolos de uma realidade não linguística, e que poderá ser efectivamente protegida como obra literária nos termos em que o seja qualquer notação. A criatividade inerente ao programa de computador pode ser encontrada no processo. No entanto, "a obra literária representa uma criação na forma, que não existe se toda a criatividade se situa, afinal, no conteúdo" (José de Oliveira Ascensão, *Direito de Autor e Direitos Conexos*, Coimbra, Coimbra Editora, 1992, p. 78).

legislador "excluiu-os da tutela prevista no Código do Direito de Autor e dos Direitos Conexos, apenas admitindo, ao que parece a mobilização *pontual* de certos e determinados critérios do Código do Direito de Autor"[14].

Este tipo de dúvidas está na base da questão fundamental de saber se a tutela mais adequada para estes bens imateriais se enquadra no direito de autor, ou, pelo contrário, se poderia e deveria ser melhor realizada no âmbito de outro sistema de protecção.

Nunca é demais recordar que a opção definitiva pela protecção dos programas de computador sob a égide do direito de autor apenas foi consolidada quando, em 1973, o n.º 2 do artigo 52.º da Convenção de Munique de Concessão de Patentes Europeias claramente impossibilitou a atribuição de patentes a estes programas, afastando aquela que foi, pelo menos durante a década de 1960, uma solução defendida por largos sectores da doutrina.

Outros caminhos foram entretanto ensaiados, em especial aquele que procurava estabelecer uma tutela *sui generis* para os programas de computador[15]. Aliás, alguns autores procuram sustentar que a própria Directiva n.º 91//250/CEE teria efectivamente consagrado um regime com tal natureza pois que parece dispensar uma atenção muito significativa a algo semelhante a um segredo industrial. Tal sucede pelo menos quando o legislador comunitário, ao proibir a utilização ou a transmissão "para outros fins que não o de assegurar a interoperabilidade de um programa criado independentemente" das informações obtidas mediante descompilação, acaba por assegurar a protecção de alguns elementos do programa que seriam, de outro modo, considerados de utilização livre, como sejam os algoritmos[16].

---

[14] Alexandre Dias Pereira, *Software: sentido e limites da sua apropriação jurídica*, in Ordem dos Advogados, "Temas de Direito da Informática e da Internet", Coimbra, Coimbra Editora, 2004, pp. 88-89.

[15] A sustentação de uma tal protecção aparece alicerçada em vários argumentos que, entre nós, são sumariados por Alexandre Dias Pereira (Alexandre Dias Pereira, *Informática...*, cit., pp. 470-471, n. 856), sendo certo que esta linha argumentativa é construída simultaneamente com o propósito de rejeitar uma tutela jus-autoral destes bens imateriais: "a) a *raison d' être* essencialmente utilitária dos programas (...); b) a função não comunicativa da linguagem de programação (...); c) e, principalmente, a impossibilidade de separar ou cindir nos programas de computador o seu conteúdo ideativo ou funcional (as ideias, os princípios, a lógica, e os algoritmos que utiliza) da sua expressão (o código-fonte a que se chega através de uma linguagem de programação, depois interpretado e traduzido – por *firmware* da ROM e do microprocessador – num código-objecto através da linguagem de máquina ou binária)".

[16] Segundo Vincenzo Zeno-Zencovich, *La direttiva comunitaria sulla tutela giuridica dei programmi per elaboratore*, in Dir. Inf., A. VIII, n.º 1, 1992, pp. 33-35, 439-40, "*la Direttiva opta per una protezione "forte" preventiva cercando di impedire, attraverso tecniche tipiche del segredo industriale, che il concorrente possa venire, lecitamente, a conoscenza dell'"invenzione" altruí*",

Contudo, é forçoso notar o reconhecimento que na doutrina portuguesa se tem feito da teoria da integração da protecção dos programas de computador no direito de autor[17]. Em qualquer caso, e mesmo que assim não fosse, conforme observa José de Oliveira Ascensão, é hoje inevitável aceitar que a tutela destes bens imateriais se faz essencialmente no âmbito deste ramo do Direito, aí se devendo procurar fazer face, da melhor maneira possível, às peculiaridades destes objectos[18].

Desde logo, a tarefa de identificação do objecto de protecção dos programas de computador passa necessariamente pela constatação da necessidade de distinguir, no curso do desenvolvimento dos mesmos, entre, por um lado o algoritmo em que o programa se baseia, a expressão do programa em linguagem entendível pelos humanos através da sua codificação numa das múltiplas linguagens de programação existentes – C, C++, *Basic, Fortran, Cobol, Java*, entre outras – (a que se chama o "código-fonte"), e, finalmente, a passagem desta linguagem intermédia (também chamada linguagem de alto nível) para uma linguagem que apenas a máquina "compreende" e lhe per-

---

o que leva a concluir que a tutela daqui resultante não possa ser vista de outra forma senão como "*miscuglio di segreti industrial e di diritti di privativa sui generis, le cui finalità sono quelle di proteggere al massimo l'investimento innovativo e produttivo delle software houses*". Esta opinião é partilhada, entre outros, por André Bertrand, *Le Droit d'Auteur et les Droits Voisins*, Paris, Masson, 1991, pp. 474-475 e, entre nós, por Alexandre Dias Pereira, *Informática...*, cit., pp. 645-647, n. 1069. Este último vê nesta forma de protecção de segredos de programação informática, "um direito especial de tutela de segredos de empresa, enxertado num regime de protecção de obras literárias". Noutra sede, o mesmo autor adianta ainda que a conclusão que se extrai do artigo 7.º da Directiva deve ser vista com alguma estranheza na medida em que se protege, não apenas o código-fonte do programa (a expressão do programa em linguagem de programação, entendível pela máquina), mas também o "código genético-funcional ou «Pseudo-Code» do programa". Alexandre Dias Pereira, *Software...*, cit., pp. 96-97.

[17] Neste sentido, com particular ênfase, José Alberto Vieira, *A protecção dos programas...*, cit., p. 799 e seguintes. Segundo este autor, o regime da protecção dos programas que resulta do Decreto-Lei n.º 252/94 "assenta totalmente no paradigma do direito de autor", o que é confirmado, no seu entender, quer pela identidade entre o objecto de protecção dos programas e o objecto de protecção do direito de autor (a expressão criativa da obra num e noutro caso), quer também pelo confronto entre o conteúdo da protecção dos programas de computador e as demais obras protegidas por direitos de autor, de que resulta tanto uma protecção dos poderes que compõem o núcleo patrimonial do direito que, encontrando-se especialmente previstas no referido Decreto-Lei "são recortados integralmente do sistema de direito de autor e adaptados no seu âmbito de aplicação à realidade dos programas de computador", como uma protecção pessoal do programador, com poderes que "são igualmente conformados a partir do regime do CDADC, que complementa o regime do DL n.º 252/94 nesta matéria".

[18] José de Oliveira Ascensão, *Direito de Autor e Direitos Conexos*, cit., p. 77.

mite executar as ordens contidas no programa ("código-objecto"), que resulta da combinação de dois símbolos – "1", correspondente à presença do sinal, e "0", correspondente à ausência deste.

O n.º 2 do artigo 1.º da Directiva sobre a protecção dos programas de computador recupera, neste contexto, um princípio básico do direito de autor, segundo o qual apenas a concreta forma de expressão da obra é objecto de protecção, e não as ideias que lhe subjazem[19]. Contudo, a delimitação destes termos em relação aos programas de computador tem obrigado a uma análise mais aprofundada, que habilite a compreender, neste caso concreto, os termos utilizados por tal norma. Uma das questões mais prementes relaciona-se com a demarcação dos elementos expressivos e não expressivos dos programas de computador, questionando-se especialmente se elementos como os algoritmos, a lógica e as linguagens de programação pertencem ao primeiro grupo ou ao segundo[20].

Estas são, porém, considerações que se encontram já suficientemente tratadas na doutrina internacional e também na doutrina e jurisprudência portuguesas, pelo que me abstenho neste momento de fazer mais do que remeter para a abundante literatura existente entre nós sobre o tema[21].

---

[19] Nos seus considerandos iniciais, esclarece-se que "as ideias e princípios eventualmente presentes na lógica, nos algoritmos e nas linguagens de programação não são protegidos ao abrigo da presente Directiva".

[20] Reflectindo o que se passa um pouco por toda a parte, também na doutrina portuguesa as opiniões não são absolutamente confluentes. Assim, José Alberto Vieira, *A protecção dos programas...*, cit., pp. 402-444, 880-881, conclui que são elementos não expressivos dos programas, ainda que constituam uma parte componente de tais programas, "as ideias (em sentido restrito), os processos (como os algoritmos e as «data structures»), os métodos de operação (como as especificações e os protocolos de comunicação das interfaces), as regras matemáticas, os sistemas (como as linguagens de programação) e a lógica do programa". Já Alexandre Dias Pereira, *Informática...*, cit., pp. 478-480, numa análise menos pormenorizada, considera que nos programas de computador as ideias ou princípios, por natureza não protegidas, não se confundem com os algoritmos, a lógica e as linguagens de programação, pelo que nada obsta a que estes últimos sejam susceptíveis de protecção na medida em que integrem a forma de expressão dos programas de computador, "podendo ser, por conseguinte, assimiláveis ao objecto de tutela". Conclui, pois, que "os programas de computador são protegidos desde a sua fase de concepção preliminar, não sendo excluídos, por isso, certos elementos dos programas, como os algoritmos, na medida em que integrem a forma de expressão dos programas de computador, ainda que ao nível do seu código genético-funcional".

[21] Para além dos já citados, com destaque para a análise aprofundada na obra de José Alberto Vieira *A protecção dos programas de computador pelo Direito de Autor*, vejam-se ainda os seguintes textos: Miguel Moura e Silva, *Protecção de programas de computador na Comunidade Europeia*, in Direito e Justiça, Vol. VII, 1993, pp. 253-310; Rui Saavedra, *A protecção jurí-*

Integrado o direito sobre os programas de computador entre os direitos sobre obras intelectuais protegidas pelo direito de autor, é de concluir que os problemas respeitantes à qualificação do direito que sobre estes objectos recai se colocam aqui da mesma forma que se colocam em relação aos direitos de autor sobre as demais obras intelectuais.

A discussão sobre a natureza jurídica do direito de autor é já tema de um dos textos incluídos no presente volume, que retrata e toma posição numa discussão que é tão antiga como o próprio direito de autor[22]. Não a retomarei, até porque o objectivo deste texto é outro, qual seja o de, a partir do estudo da regulação dos contratos sobre programas de computador, encontrar, se possível, subsídios relevantes para, no que respeita a estes bens, melhor compreender o alcance da protecção que a lei lhes confere[23].

---

dica do software e a Internet, Lisboa, SPA, Dom Quixote, 1998; Alexandre Dias Pereira, *Programas de computador, sistemas informáticos e comunicações electrónicas: alguns aspectos jurídico-contratuais*, in ROA, A. 59, III, 1999, pp. 915-1000; José de Oliveira Ascensão, *Direito de autor e informática jurídica* e *Direitos do utilizador de bens informáticos*, in Id., "Estudos sobre Direito da Internet e da sociedade da informação", Coimbra, Almedina, 2001, respectivamente pp. 7--21 e pp. 23-44; José de Oliveira Ascensão, *Direito cibernético: a situação em Portugal*, in Direito e Justiça, T. 15, n.º 2, 2001, pp. 9-26; Alexandre Dias Pereira, *Da obra multimedia como objecto de direitos de propriedade intelectual: arte digital, programas de computador e bases de dados electrónicas*, in "Estudos em Homenagem ao Prof. Doutor Rogério Soares", STVDIA IVRIDICA 61, Coimbra, Coimbra Editora, 2001, pp. 435-470; Maria Eduarda Gonçalves, *Direito da Informação – Novos direitos e formas de regulação na sociedade da informação*, Coimbra, Almedina, 2003; Alexandre Dias Pereira, *Protecção jurídica e exploração negocial de programas de computador*, in BFDUC, "Volume comemorativo do 75.º Tomo do Boletim da Faculdade de Direito", 2003, pp. 453-505. No que respeita à jurisprudência mais significativa nesta matéria, remeto o leitor para a compilação de Manuel Lopes Rocha, *Direito da informática nos tribunais portugueses – 1990-1999*, Lisboa, Centro Atlântico, 1999, e o texto do mesmo autor, *Direito da informática nos tribunais portugueses. Nota de actualização*, in Sub Judice, n.º 35 – Internet, Direito e Tribunais, 2006, pp. 87-90.

[22] Para um resumo das disputas a respeito de tal natureza jurídica, leia-se Cláudia Trabuco, *O direito de reprodução...*, cit., p. 85 e seguintes, e, sobretudo, a bibliografia aí indicada.

[23] Como refere António Vitorino, "se (...) relacionarmos a eficácia de cada um dos contratos autorais com o seu objecto e conteúdo, encontraremos o problema da própria natureza jurídica do direito patrimonial do autor". António Vitorino, *A eficácia dos contratos de direito de autor*, Coimbra, Almedina, 1995, p. 15.

4. CONTRATOS SOBRE PROGRAMAS DE COMPUTADOR: TRANSMISSÃO DE DIREITOS E UTILIZAÇÃO DOS PROGRAMAS

Embora tenha estabelecido em diploma autónomo um regime especial aplicável aos programas de computador, o legislador português não curou de aí integrar normas específicas regulando os contratos que tenham por objecto tais bens imateriais.

O artigo 11.º do Decreto-Lei n.º 252/94, sob a epígrafe "Autonomia privada", remete a disciplina dos negócios relativos a direitos sobre programas de computador para as "regras gerais dos contratos", *maxime* para as "disposições dos contratos típicos em que se integram ou com que ofereçam maior analogia" (n.º 1).

Esclarece-se, porém, que "[s]ão aplicáveis a estes negócios as disposições dos artigos 40.º, 45.º a 51.º e 55.º do Código do Direito de Autor e dos Direitos Conexos" (n.º 2). Nos termos do artigo 40.º do CDADC, cabe, assim, ao titular originário do direito sobre o programa de computador, bem como aos seus sucessores ou transmissários, quer autorizar a utilização do programa por terceiros quer transmitir ou onerar o conteúdo patrimonial do direito de autor sobre o programa de computador.

A consideração do direito de autor sobre os programas de computador implica, assim, como sucede em relação às demais obras intelectuais protegidas, uma distinção entre a *transmissão* de direitos patrimoniais (*verbi gratia* por contrato de compra e venda) e a concessão de poderes para divulgar, publicar, utilizar ou explorar a obra por qualquer processo (*licença*), a qual, muito embora referindo-se também tipicamente às faculdades que compõem o direito patrimonial de autor, não implica a transmissão de direitos sobre a obra[24].

Finalmente, o n.º 3 do referido artigo 11.º do Decreto-Lei n.º 252/94 refere-se à necessidade de que as estipulações contratuais sejam "sempre entendidas de maneira conforme à boa fé e com o âmbito justificado pelas finalidades do contrato", de uma assentada reforçando a especial relevância de uma actuação conforme com a boa fé nos contratos informáticos e considerando aplicável aos contratos sobre programas de computador o princípio da

---

[24] Para o apuramento do significado de cada uma destas possibilidades concretas de exploração da obra, António de Macedo Vitorino, *A eficácia dos contratos...*, cit., pp. 29-33. Em particular no que concerne à "autorização", a que se refere o 40.º do CDADC, defende o autor que esta expressão é utilizada pelo legislador com dois sentidos distintos no Código: ora como tipo abstracto de negócios, ou seja, como sinónimo de *licença* ("por implicar a concessão de uma ou várias faculdades de gozo da obra"), ora como simples acto jurídico nos casos em que o seu sentido é coincidente com o de *consentimento*.

cedência funcional dos direitos patrimoniais, que orienta, em geral, os negócios sobre obras protegidas por direito de autor[25].

Face à crescente complexidade dos bens e serviços sobre que recaem e à constante evolução destes, não é motivo de surpresa a variedade de contratos informáticos existente.

Mesmo cingindo a análise aos contratos sobre programas de computadores e, entre estes, às figuras contratuais mais representativas, surgem ainda contratos muito diversos e passíveis de serem classificados em atenção a critérios também distintos – por exemplo, a vinculação ou não entre o *software* e o *hardware* no âmbito de um mesmo acordo ou o facto de serem contratos de exploração empresarial das potencialidades económicas dos bens em causa ou assumirem, pelo contrário, a natureza de contratos de consumo.

Entre os contratos que têm por finalidade a utilização dos programas, a distinção pode ainda fazer-se consoante o grau de padronização dos programas (uma vez que estes podem resultar da encomenda de *software* criado para satisfazer necessidades específicas do utilizador, da adaptação programas a determinadas necessidades ou interesses especiais de um grupo ou categoria de utilizadores, ou ainda corresponder a *standard-software* para distribuição em massa), o número de utilizadores permitido para cada licença, o alcance temporal dos direitos concedidos, o carácter gratuito ou oneroso, ou, finalmente, consoante os aspectos do contrato que são objecto de livre negociação pelas partes[26].

5. Os contratos de licença de utilização de programas de computador

Pese embora a diversidade de contratos referidos no ponto anterior, o presente texto concentra-se apenas no contrato de licença com vista à utilização final de programas de computador.

---

[25] Conquanto referindo-se à compra e venda sobre *hardware*, cfr. a referência feita por Carrascosa López, M.ª A. Pozo Arranz, E.P. Rodríguez de Castro, *La contratación informática: el nuevo horizonte contractual*, Granada, Editorial Comares, 2000, p. 145, à importância da boa fé nos contratos informáticos, em que existe geralmente um desequilíbrio entre as qualificações técnicas das partes e em que, sendo normalmente múltiplas as soluções passíveis de serem utilizadas para satisfação das necessidades do cliente, se revelam especialmente úteis as informações que lhe sejam prestadas pela contraparte.

[26] Para uma análise dos vários contratos sobre programas de computador, leia-se o estudo de V. Carrascosa López, et. al, *La contratación informática...*, cit., pp. 153-246. No que respeita a licenças sobre programas de computador e respectivas classificações jurídicas, cfr. Juan Pablo Aparicio Vaquero, *Licencias de uso...*, cit., pp. 85-92, Alexandre Dias Pereira, *Protecção jurídica...*, cit., pp. 483-502.

No Direito Privado, a figura contratual da licença foi adoptada no seio dos regimes de protecção de direitos sobre descobertas e criações intelectuais, inicialmente como forma de disposição de direitos de propriedade industrial, e mais tarde comunicada ao direito de autor como modalidade de concessão pelo titular do direito (licenciante) a outrem (licenciado) da exploração das potencialidades económicas dos bens imateriais em causa, concessão essa que se reveste tradicionalmente de carácter temporário e não dá lugar a alienação dos direitos correspondentes[27].

O contrato de licença generalizou-se como uma espécie de matriz das transacções que visam a exploração económica dos bens intelectuais, o que, sendo particularmente visível no direito industrial – entendido este em sentido amplo, ou seja, incluindo patentes, marcas, modelos, mas também *know-how*[28] –, se evidencia igualmente no direito de autor, em especial no que diz respeito aos programas de computador em virtude das suas peculiares características e da sua proximidade com os bens que são objecto de direitos privativos industriais.

No entanto, na categoria do contrato de licença aparece hoje integrado não apenas o aproveitamento patrimonial do direito ou de algumas das suas faculdades mediante a exploração empresarial das potencialidades do bem (assim sucede com os contratos pelos quais o titular do direito sobre o programa de computador cede a outrem a autorização necessária para a realização dos actos necessários para a produção de cópias do programa, ou para produção e distribuição ou cede tão-só o direito de distribuição das cópias produzidas), mas também, pelo menos no caso do direito de autor, a mera utilização final pelos sujeitos a quem o uso é proporcionado[28a].

---

[27] Para uma noção do contrato de licença no âmbito do Direito da Propriedade Industrial, leia-se Carlos Osório de Castro, *Os efeitos da nulidade da patente sobre o contrato de licença da invenção patenteada*, Porto, UCP Editora, 1994, pp. 9-10; Luís Couto Gonçalves, *Manual de Direito Industrial*, Coimbra, Almedina, 2005, pp. 120, 293-301; Carlos Olavo, Contrato de licença de exploração de marca, in APDI, "Direito Industrial", Vol. I, Coimbra, Almedina, 2001, p. 354 e seguintes; Carlos Olavo, *Propriedade Industrial*, Vol. I, 2.ª ed., Coimbra, Almedina, 2005, p. 141 e seguintes. No Direito de Autor, veja-se, por todos, António de Macedo Vitorino, *A eficácia dos contratos…*, cit., *passim*, maxime pp. 32-33, 78-81, 252. Noutra sede, explorou-se também, a propósito do direito à imagem, a possibilidade de contratos de licença sobre direitos de personalidade, tendo-se concluído em sentido afirmativo com base na possibilidade de limitação lícita do exercício de um direito que, não afectando o seu núcleo essencial apenas incide sobre uma expressão do bem da personalidade que assim se configura como um objecto do comércio. Cfr. Cláudia Trabuco, *Dos contratos relativos o direito à imagem*, in O Direito, A. 133, II, 2001, pp. 453-457.

[28] Cfr. Luís Couto Gonçalves, *Manual…*, cit., p. 29.

[28a] Integrando estes contratos na "constelação de tipos e subtipos contratuais" que formam o contrato de licença e classificando este último, quanto à sua função, como contrato de troca

Deste modo, a maioria da doutrina utiliza a expressão licença para se referir também aos contratos mediante os quais se autoriza o uso de programas de computador, personalizados ou padronizados, incluindo, pois, a realização dos actos necessários – *verbi gratia*, actos de reprodução – a esse uso[29]. A expressão "licença de uso"[30], traduzida da locução americana *license agreement*, surge, assim, no direito continental europeu aplicada a bens informáticos para identificar contratos que têm por objecto imediato a concessão da utilização directa desses bens quer a consumidores finais quer a entidades que, constituindo-se como licenciadas, facultam depois a utilização dos programas a diversas pessoas integradas na respectiva estrutura organizativa.

5.1. Delimitação do objecto do contrato

Apesar de se poder questionar a natureza jurídica do direito sobre um programa de computador, não restam dúvidas quanto à caracterização do objecto desse direito: é um direito sobre uma coisa incorpórea, que tem origem numa criação humana.

Como sucede em relação às demais obras protegida pelo direito de autor, é requisito essencial para a tutela a originalidade do programa de computador, ainda que, no caso, tal condição seja de grau mínimo. Porém, a protecção jurídica pelo direito de autor não se basta com a mera existência de criatividade do autor. Tal protecção não abrangerá as criações do espírito que não se manifestem por qualquer modo, pelo que apenas se consideram obras as criações intelectuais que sejam objecto de uma exteriorização. No caso dos programas de computador, isso equivale necessariamente a uma materialização na medida em que, correspondendo a um conjunto de instruções, o programa interage com uma máquina e tem que ser expresso de forma tangível, nem que seja mediante impulsos eléctricos[31].

---

para o uso de coisa incorpórea, Carlos Ferreira de Almeida, *Contratos II – Conteúdo. Contratos de troca*, Coimbra, Almedina, 2007, p. 220 e ss.

[29] Assim, entre muitos outros, Barbara Musti, *Il contratto di "licensa d'uso" del software*, in Francesco Galgano (dir.), "Contratto e impresa", A. XIV, n.º 3, 1998, Cedam, Padova, pp. 1289-1303; André Lucas, Henri-Jacques Lucas, *Traité de la propriété littéraire et artistique*, 2.ª ed., Paris, Litec, 2001, pp. 523-525; Juan Pablo Aparicio Vaquero, *Licencias de uso...*, cit., *passim*, *maxime* pp. 71-75.

[30] *Contrat de licence d'utilisation de logiciel* em francês, *licencia de uso* no direito espanhol, ou *licenza d'uso* no direito italiano.

[31] À distinção entre exteriorização e materialização refere-se José de Oliveira Ascensão, *Direito de Autor...*, cit., p. 68, quando salienta que "da coisa suporte da obra se deve distinguir sempre uma entidade objectiva, a obra, imutável na pluralidade das suas concretizações". Sobre

Contudo, mesmo neste caso é sobre a obra como coisa incorpórea que incide o direito de autor e não sobre os objectos materiais através dos quais esta pontualmente se manifesta. Sobre este últimos recai um outro direito, o direito de propriedade sobre coisas materiais que apenas servem de suporte à fixação ou comunicação da coisa incorpórea.

Transpondo estas considerações para o plano contratual, o contrato pelo qual se autoriza a realização dos actos necessários ao uso dos programas de computador tem por objecto o programa em si mesmo considerado, e não o suporte material no qual este apareça incorporado.

Deste modo, a celebração de uma compra e venda de equipamento informático ou de suportes materiais (*CD-ROM, CD-RW, DVD,* ou outros) em que um programa de computador se encontre fixado não implica necessariamente uma transmissão de direitos sobre o programa. Em rigor, trata-se apenas de aplicar ao caso dos programas de computador o princípio a que se refere o n.º 2 do artigo 10.º do CDADC, segundo o qual a transmissão dos suportes materiais não importa a transferência para o seu adquirente de quaisquer poderes compreendidos no direito de autor.

O adquirente do suporte em que está contido o programa pode até nem ter uma relação directa com o contrato de licença. Imagine-se, por exemplo, a situação em que alguém adquire um pacote contendo um suporte material em que se incorpora um programa e a respectiva licença com o propósito de o oferecer a um amigo.

Aliás, se tal separação entre obra e suporte material se impõe no âmbito da distribuição de exemplares tangíveis, mais visível ainda se torna no âmbito da chamada distribuição electrónica, em que a possibilidade de utilização do programa não pressuporá a entrega de um exemplar pelo distribuidor, conquanto seja necessária a realização de actos de reprodução que habilitem o uso do mesmo.

Torna-se necessário, pois, perscrutar o conteúdo da relação jurídica que se estabelece sobre o *software* para determinar, nos casos das chamadas "licenças de uso", qual a qualificação jurídica do contrato em causa.

5.2. Licenças não personalizadas

São diversos os modos de comercialização de programas de computador no mercado e diversas ainda as licenças relativas ao uso destes bens informáticos. No entanto, do ponto de vista da adequação do produto comercializado

---

o carácter de bem imaterial do programa de computador, Juan Pablo Aparicio Vaquero, *Licencias de uso...,* cit., pp. 59-60.

à satisfação das necessidades do utilizador, tem sido traçada uma distinção básica entre os contratos que respeitam a programas criados por encomenda, para responder às solicitações particulares de um cliente ou categoria de clientes, e os contratos que respeitam a programas padronizados[32].

---

[32] No caso dos primeiros contratos, encarrega-se alguém, com a devida preparação técnica – um profissional com a qualificação adequada ou uma empresa –, de desenvolver um programa que se adéque às necessidades e interesses concretas de um cliente. Existe lugar à assunção de uma obrigação de resultado que se reveste de contornos que conduzem a maioria da doutrina nos ordenamentos de direito continental europeu a assimilar este contrato ao contrato de empreitada. Assim, entre muitos outros, Michael Lehmann, *Des Urhebervertragsrecht der Softwareüberlassung, in* Beier, Götting, Lehmann, Moufang, "Urhebervertragsrecht", München, C.H. Beck'sche Verlagsbuchhandlung, 1995, p. 569, Haimo Schack, *Urheber- und Urhebervertragsrecht*, 2.ª ed., Tübingen, Möhr Siebeck, 2001, p. 494, Manfred Rehbinder, *Urheberrecht*, 13.ª ed., München, Verlag C.H. Beck, 2004, p. 334 (que o qualificam como *Werkvertrag*), André Lucas, Henri-Jacques Lucas, *Traité de la propriété littéraire et artistique*, 2.ª ed., Paris, Litec, 2001, pp. 524 (que o acolhe entre os *contrats d'enterprise*), Miguel Gómez Perals, *La cesión de uso de los programas de ordenador*, Madrid, Colex, 1999, p. 44, Carrascosa López, *et. al*, *La contratación informática...*, cit., p. 164 (que o fazem participar da natureza dos *arrendamientos de obra*).

Entre nós, a questão de saber se uma obra intelectual pode ou não ser objecto de um contrato de empreitada, nos termos do artigo 1207.º do Código Civil, tem suscitado um vivo debate na doutrina e na jurisprudência. Com efeito, se em 1983, o Supremo Tribunal de Justiça veio responder afirmativamente a tal questão (Ac. STJ 3/11/1983, *in* BMJ, n.º 331, p. 489 e seguintes), 5 anos mais tarde este mesmo tribunal reviu a sua posição, vindo a defender que a encomenda de uma obra deve ser qualificada como "contrato de prestação de serviços inominado" (Ac. STJ 2/2/1988, *in* BMJ, n.º 374, p. 449).

Na decorrência daquela primeira decisão de 1983, confrontaram-se na doutrina uma noção ampla, que abrange as obras intelectuais (A. Ferrer Correia, M. Henrique Mesquita, *Anotação ao acórdão do Supremo Tribunal de Justiça de 3 de Novembro de 1983*, in ROA, A. 45, I, 1985, pp. 134-140), e um entendimento restritivo daquele conceito, que exclui a aplicação do regime da empreitada, pelo menos directamente, a obras de uma tal natureza (opinião defendida por João de Matos Antunes Varela, *Anotação ao acórdão do Supremo Tribunal de Justiça de 3 de Novembro de 1983, in* RLJ, A. 121, n.ºs 3766-3777, 1988-1989, *maxime* pp. 185-188). Após o referido acórdão de 1988, e em momentos diversos, esta contenda viria a receber novos contributos doutrinários, como o de Jorge de Brito Pereira, *Do conceito de obra no contrato de empreitada*, 1994, p. 509 e seguintes, que concluiu pela susceptibilidade de aplicação da empreitada aos casos em que a obrigação de resultado que integra o contrato respeite a uma obra intelectual, ou de José de Oliveira Ascensão, *Direito de Autor...*, cit., pp. 421-423; Pedro Romano Martinez, *Contrato de empreitada*, Coimbra, Almedina, 1994, pp. 100-102; Rui Pinto Duarte, *Tipicidade e atipicidade dos contratos*, Coimbra, Almedina, 2000, p. 128, n. 432, que sustentam a inadequação da aplicação do regime da empreitada às obras intelectuais, sem prejuízo de uma eventual idoneidade abstracta da obra literária ou artística para ser objecto de um tal contrato, e ainda de João Calvão da Silva, *Anotação ao acórdão do Supremo Tribunal de Justiça de 3 de Novembro de 1983*, in Revista de Direito Comparado Luso-Brasileiro, A. IV, n.º 7, 1988, pp. 269-281, para quem a rejeição da qualificação como empreitada se fundamenta na difícil articulação entre o objecto mediato do contrato, isto é, a criação de uma obra intelectual

No que diz respeito às licenças "não personalizadas", assim identificadas por serem contratos em que os licenciados, ou seja, utilizadores finais e indeterminados, adquirem uma cópia legítima do programa para a utilizarem de acordo com a finalidade deste último, sem que sejam operadas distinções entre os licenciados no que respeita ao conteúdo dos contratos, o paradigma do modelo de celebração de tais contratos reside nas licenças *shrink-wrap*.

Nestas licenças, oriundas do ordenamento jurídico estadunidense, no qual visaram responder de modo eficaz à distribuição de *software* em larga escala, o adquirente do pacote em que vem contida a cópia de um programa de computador adere aos termos previstos no contrato de licença, dos quais lhe é dado conhecimento de modo visível no exterior do invólucro que contem o suporte material do programa, mediante o simples acto da abertura do pacote.

Actualmente, em virtude da possibilidade de distribuição electrónica dos programas, as licenças *click-wrap* ou *click-through* (em que a aceitação ou a apresentação de uma proposta contratual, conforme os casos, por parte do utilizador é dada mediante o simples acto de seleccionar – "clicar" – num ícone ou imagem e em que a utilização é permitida em linha e por tempo determinado ou um exemplar é fabricado pelo utilizador através do *download* do programa)[33], constituem o modelo típico da celebração por meios electrónicos e no ambiente em rede de contratos de licença de utilização de conteúdos informativos, entre os quais os de bens informáticos.

Independentemente do tipo contratual a que seja reconduzido o seu regime jurídico, a doutrina classifica habitualmente estas licenças como contratos de adesão, em que o utilizador se limita a aderir a cláusulas contratuais gerais previamente elaboradas e determinadas pela outra parte e constantes de uma licença de utilização disponibilizada aos potenciais clientes, sendo imprescindível, pois, que tenham previamente sido cumpridos determinados deveres de comunicação e de informação[34]. Aliás, a estrutura interactiva da

---

– independentemente da materialização desta num suporte material –, e as consequências que se retiram da própria natureza intelectual da obra em causa, que obriga a ter em conta as normas que regulam o direito de autor em geral, e, em especial, as que dizem respeito ao conteúdo moral daquele direito. Finalmente, defendendo a aplicação analógica de certos preceitos que regulam o contrato de empreitada a estes contratos, que qualificam como contratos atípicos de prestação de serviços, João Baptista Machado, *Anotação ao acórdão do Supremo Tribunal de Justiça de 3 de Novembro de 1983*, 1986, pp. 278-279; Pedro Romano Martinez, *Contrato de empreitada*, 1994, pp. 101-102.

[33] Sobre a contratação em linha nos termos da lei portuguesa sobre o comércio electrónico (Decreto-Lei n.º 7/2004, de 7 de Janeiro), Jorge Morais Carvalho, *Comércio electrónico e protecção dos consumidores*, in Themis, A. VII, n.º 13, 2006, p. 48 e seguintes.

[34] Para maiores desenvolvimentos, Juan Pablo Aparicio Vaquero, *Licencias de uso...*, cit., pp. 75-78.

Internet, aliada à segurança técnica providenciada por novos instrumentos tecnológicos de protecção, que possibilita que os objectos sejam salvaguardados contra os utilizadores que não desejem aceitar as condições estabelecidas nas licenças, permite a reunião de condições ideais para o florescimento da celebração deste tipo de contratos.

É característica essencial destas licenças a indeterminação relativa à identidade do licenciado, que será concretizada apenas no momento da perfeição do contrato, como sucede nos contratos celebrados em linha, ou, em alguns casos, apenas no momento em que o utilizador se tenha de identificar perante o licenciante, apresentando a chave de identificação que lhe foi fornecida, para efeitos de manutenção ou de actualização das funcionalidades do programa[35]. Na verdade, na comercialização deste tipo de licenças, o que releva não é tanto a identidade do utilizador quanto o número de máquinas em que o programa é executado, pelo que, sendo vulgar a utilização de uma mesma cópia por diversas pessoas, o que procura controlar-se é o número de computadores em que o programa é instalado.

Os contratos em causa têm geralmente a natureza de contratos de consumo, permitindo a fruição do programa a todos os que possam ser considerados "utilizadores legítimos". Nem a legislação comunitária nem a legislação nacional, nos instrumentos de regulação jurídica dos programas de computador, procuraram, porém, concretizar este conceito indeterminado a que recorrem.

A doutrina divide-se no que respeita ao seu preenchimento, chegando a conclusões ora mais amplas, ora mais restritas, ora ainda intermédias, consoante considera como "utilizador legítimo", respectivamente: (1) qualquer pessoa que actue no âmbito de um contrato ou nos parâmetros definidos pela lei, designadamente sob uma qualquer das excepções aos direitos exclusivos; (2) apenas aquele que obteve uma licença; ou, ainda, (3) aquele que age ao abrigo de um qualquer contrato (compra e venda, aluguer, doação, comodato), desde que nos termos permitidos pela licença, que faça dele um "legítimo adquirente" no sentido lato que esta expressão parece ter na Directiva[36].

---

[35] *Idem*, p. 81.

[36] Para um aprofundamento relativo às várias possibilidades de caracterização da locução "utilizador legítimo", ainda que desenvolvido por referência a idêntica expressão utilizada no contexto da protecção das bases de dados, leia-se, por todos, Vinciane Vanovermeire, *The concept of the lawful user in the Database Directive*, in IIC, vol. 31, n.º 1, 2000, pp. 63-81. Criticando um sentido demasiado abrangente da expressão, que não pretende aplicar-se a todos os que utilizem o programa de forma lícita (dando os exemplos dos trabalhadores de uma empresa que utilizem cópias que hajam sido realizadas ao abrigo de uma licença dessa empresa ou os casos de comodato de programas realizados por bibliotecas ou entre amigos, entre outros), Juan Pablo Aparicio Vaquero, *Licencias de uso…*, cit., pp. 324-325.

5.3. Traços essenciais do conteúdo

Contrariamente ao que sucede com o desfrute intelectual permitido por outro tipo de obras – como sucede com a leitura de um livro ou a contemplação de uma obra de arte –, a utilização de um programa de computador necessita da realização de uma reprodução para poder verificar-se.

No momento presente, e enquanto as condições técnicas existentes não se modificarem, a utilização dos programas supõe uma reprodução em sentido técnico, isto é, um armazenamento das instruções que constituem o programa na memória ROM ou na memória RAM do computador, para que o *hardware* deste possa processar a informação e desempenhar as funções para que foi concebido. E isto independentemente da fixação do programa no disco rígido do computador ou num suporte material externo.

Ora, na medida em que a prática de determinados actos que, no âmbito do direito de autor, são entendidos como faculdades patrimoniais reservadas ao titular do direito é necessária à utilização do programa, pode questionar-se se o contrato celebrado pelo utilizador final tem em vista a concessão de autorização para que este último utilize os direitos de exploração em causa, mormente o direito de reprodução, ou se podemos referir-nos a uma autêntica concessão de um direito de uso e, em caso afirmativo, o que deve ser entendido por "direito de uso".

a) "Direitos mínimos" do utilizador legítimo

A ainda breve história do direito de autor sobre programas de computador revela algumas manifestações de uma defesa de um "direito exclusivo de uso", ou seja, de justificação de uma faculdade integrando, a par de faculdades como a de reprodução, distribuição ou transformação, o conteúdo de carácter patrimonial do direito de autor[37].

As próprias Disposições Modelo da OMPI sobre a protecção dos suportes lógicos de 1978, tinham por base a concessão ao titular do programa de com-

---

[37] Ainda que durante apenas algum tempo, a legislação francesa integrou um preceito (o artigo 47.º da Lei n.º 85-660, de 3 de Julho de 1985, suprimido em 1994) que, no casos dos programas de computador, reservava expressamente ao autor, para além da reprodução, "*toute utilisation d'un logiciel non expressément autorisée par l'auteur ou ses ayants droit ou ayants cause*". No direito espanhol, cfr. ainda algumas opiniões doutrinárias que se manifestaram igualmente a favor de uma interpretação nesse sentido da legislação espanhola, em Rodrigo Bercovitz Rodríguez-Cano, *Comentarios a la Ley de Propiedad Intelectual*, Madrid, Tecnos, 1997, Jesús Delgado Echeverría, comentário ao artigo 99.º, pp. 1466-1467; Miguel Gómez Perals, *La cesión de uso...*, cit., pp. 198-199.

putador de um direito de proibir a terceiro a *utilização* daquele tendo em vista a prossecução de determinadas finalidades. E o Livro Verde sobre os direitos de autor e o desafio da tecnologia, postulava uma tentativa de controlo do uso *qua tale* do programa através do estabelecimento da sua dependência em relação à reprodução daquele[38].

No entanto, em virtude sobretudo das dificuldades de compatibilização com o princípio-chave da livre utilização das obras intelectuais, esta teoria não logrou impor-se. Com efeito, a principal razão para a recusa de uma faculdade com um alcance tão genérico residiu precisamente no facto de se entender que a protecção dos direitos patrimoniais exclusivos do titular do programa não deveria constituir um impedimento ao uso do programa por parte do utilizador legítimo[39].

Com base no mesmo tipo de argumentação, criticou-se a técnica legislativa empregada pela Directiva n.º 91/250/CEE para reconhecer a liberdade de determinadas utilizações, dizendo-se que essa técnica e a terminologia que a acompanha pareceriam ter tido por intenção reservar ao titular do direito de autor sobre o programa uma espécie de exclusivo sobre o uso daquele[40].

Tendo em atenção os traços definidores do direito de autor, a conclusão a retirar da interpretação dos artigos 5.º e 6.º da Directiva não pode, com efeito, ser essa. A inclusão de tais preceitos naquele instrumento legislativo de direito comunitário serve o propósito de colocar limites, ou em alguns casos até delimitar pela negativa, os direitos exclusivos atribuídos ao titular dos programas pelo artigo 4.º, em especial o direito de reprodução, na medida em que os considera necessários à utilização legítima dos programas.

No direito português, o legislador procurou inclusivamente tornar clara essa *ratio,* enunciando esses limites pela positiva, razão pela qual o artigo 6.º do Decreto-Lei n.º 252/94 tem por epígrafe "direitos do utente".

---

[38] Cfr. CCE, *Livro Verde sobre os direitos de autor e o desafio da tecnologia*, COM (88) 172, 16/3/1989, pp. 182-184. Nos termos da argumentação então apresentada pela Comissão Europeia, "dada a forma como os suportes lógicos são utilizados na prática, parece adequado prever um direito de ampla utilização, quer formulado como tal, quer decorrente de direitos que autorizam a reprodução, aluguer, adaptação e tradução. Este direito constitui a base jurídica que permite estabelecer a relação entre a remuneração recebida pelo titular do direito e a utilização efectiva do programa. Ao mesmo tempo, a autorização para utilizar um programa implica necessariamente a autorização para todos os actos inerentes a essa utilização".

[39] Assim, por todos, Miguel Gómez Perals, *La cesión de uso…*, cit., pp. 200-201.

[40] Nesse sentido, Rodrigo Bercovitz Rodríguez-Cano, *Comentarios…*, cit., Jesús Delgado Echeverría, comentário ao artigo 99.º, pp. 1469-1471. Em Portugal, considerando que no âmbito da protecção jurídica dos programas terá sido conferido ao autor um "direito exclusivo de utilização", Miguel Moura e Silva, *Protecção de programas…*, cit., p. 272.

O primeiro de tais limites procura assegurar a possibilidade de realização de actos de reprodução ou de transformação desde que cumpridos determinados requisitos: (1) que esses actos devam necessariamente ser praticados para que o uso do programa se torne possível[41]; (2) que sejam praticados pelo seu "legítimo adquirente", independentemente de serem adquirentes de um exemplar ou titulares de uma licença; e, ainda, (3) que sejam conformes ao fim a que o programa se destina[42].

São igualmente "faculdades mínimas" do utilizador legítimo[43] a realização de uma cópia de apoio, apenas na medida em que tal seja necessário para a sua utilização e que tal cópia não haja sido fornecida desde logo pelo titular do programa, a observação, estudo ou teste do funcionamento do programa com o propósito de apurar as ideias ou princípios subjacentes a qualquer dos seus elementos, e, bem assim, a possibilidade de descompilação para obtenção das informações necessárias à interoperabilidade dos programas de computador, desde que cumpridos determinados requisitos[44].

Os diversos limites assim impostos aos direitos exclusivos de reprodução e transformação têm o propósito de acautelar determinadas faculdades de utilização do programa e devem ser tidas em conta pelo *licere* de qualquer licença de utilização do programa ou de uma sua cópia.

Na interpretação do conteúdo da licença de utilização, junta-se-lhes naturalmente o princípio dito da "cedência funcional", a que faz referência o Considerando 17) da Directiva[45]. Deste modo, não existindo estipulação contratual específica quanto ao conteúdo da autorização dada ao utilizador, o cri-

---

[41] De acordo com Andreas Raubenheimer, *Implementation of the EC Software Directive in Germany – Special Provisions for Protection of Computer Programs*, IIC, n.º 5, 1996, p. 627, estar-se-ia perante uma manifestação da chamada *Zweckübertragungstheorie*, que no direito português é identificada como princípio da "disposição funcional dos direitos" e significa que, na interpretação dos contratos de direito de autor, se entende que o autor não desejou dispor de mais direitos do que aqueles que são necessários à prossecução do fim contratado. Neste caso, deve entender-se, pois, que a autorização concedida pelo titular do programa compreende todos os actos necessários à sua utilização de acordo com o fim a que o programa se destina.

[42] De acordo com alguma doutrina, esta seria, pois, uma "excepção para utilização" do programa. Assim, Alain Strowel, Jean-Paul Triaille, *Le droit d'auteur, du logiciel au multimédia*, Namur, Bruylant, 1997, pp. 177-180.

[43] A expressão é utilizada por Alexandre Dias Pereira, *Programas de computador...*, cit, pp. 941-942, que acolhe a expressão utilizada pela doutrina alemã ("*Mindesrechte*" ou "*Minimalrechten der legitimen Nutzer*").

[44] Estes limites constam, respectivamente, do n.º 2 e 3 do artigo 5.º e do artigo 6.º da Directiva, bem como do artigo 7.º do Decreto-Lei n.º 252/94, de 20 de Outubro.

[45] Cfr. *supra* nota 36.

tério para se aferir da necessidade de determinados actos para a utilização do programa, desde que realizada pelo seu legítimo adquirente, deverá ser dado pelo fim a que se destina o programa[46].

Com efeito, existem operações ("as acções de carregamento e funcionamento necessárias à utilização de uma cópia de um programa legalmente adquirido") que não podem ser proibidas por contrato em nenhuma circunstância. A licença de utilização não deve, pois, colocar em causa as utilizações que a doutrina alemã caracteriza como "utilizações puras" (*reine Benutzungen*) dos programas de computador, consideradas irrelevantes face aos princípios e regras do direito de autor na medida em que os eventuais actos de reprodução que as mesmas pressuponham não conduzem a "um acréscimo de uso do programa – no sentido de utilização para multiplicação das cópias – pelo seu utente legítimo"[47].

Não se nega, pois, ao titular dos direitos exclusivos sobre o programa de computador a possibilidade de colocar algumas condições relativas ao modo e ao âmbito da utilização da sua obra que virá a ser realizada. Porém, essa possibilidade não se estende à própria faculdade de utilização do programa uma vez que o contrato que o utilizador realiza com o titular tem precisamente em vista assegurar tal utilização[48]. Em caso contrário, seria concedida ao utilizador uma licença de uso que não lhe permitiria, afinal, utilizar o programa.

b) A reprodução para efeitos de uso

Partindo da afirmação, que consideramos correcta, de que "o uso de um programa de computador consiste no aproveitamento das suas características técnicas com o fim de fazer funcionar um sistema informático"[49] e da constatação inultrapassável de que no actual estado da técnica a reprodução, em sentido técnico, é essencial ao uso dos programas, cumpre verificar se poderá

---

[46] Assim também Alexandre Dias Pereira, *Software: sentido...*, cit., p. 110.

[47] Thomas Dreier, *The Council Directive of 14 May 1991 on the Legal Protection of Computer Programs*, in EIPR, vol. 13, n.º 9, 1991, p. 321: "*An appropriate guide to interpretation of the term "reproduction" might be the legitimate interest of the rightholder to participate in the economic benefits resulting from the use of his protected work. Where an act would not lead to an increased use of a program – in the sense of using a multiplicity of copies – by its rightful user, it should not be considered a reproduction for purposes of copyright law*". No mesmo sentido, Andreas Raubenheimer, *Implementation...*, cit., p. 626.

[48] O próprio n.º 1 do artigo 9.º da Directiva, *in fine*, o confirma, ao considerar nulas "quaisquer disposições contratuais contrárias ao artigo 6.º ou às excepções previstas nos n.ºs 2 e 3 do artigo 5.º".

[49] Juan Pablo Aparicio Vaquero, *Licencias de uso...*, cit., p. 79.

legitimamente dizer-se que a faculdade de reprodução é objecto do contrato de licença de uso, como sustenta alguma doutrina[50].

A instalação de um programa de computador numa máquina pode ter lugar de diversas formas: através de suportes autónomos, a partir dos quais os dados são introduzidos no computador – o que pode ter sucedido mediante a instalação do *software* na máquina que é adquirida –, como também directamente na memória deste (por exemplo, mediante carregamento descendente do programa transmitido pela rede). Quer num caso quer no outro, encontramo-nos perante a outorga de um suporte material à obra, correspondente de modo amplo ao conceito de fixação.

A utilização dos programas de computador legalmente adquiridos obriga a que se proceda previamente à cópia das instruções contidas no mesmo para a memória interna do computador, ou seja, à "reprodução tecnicamente necessária para a utilização do programa de computador", a que alude o preâmbulo da Directiva e que esta pretende assegurar ao utilizador legítimo do programa através de um limite ou excepção ao direito exclusivo de reprodução[51].

Ao sentir necessidade de consagrar tal limite, possibilitando ao utilizador a reprodução para efeitos das operações de carregamento e o normal funcionamento do programa, o legislador comunitário parece partir do pressuposto que tais acções se revestiriam *ab initio* de relevância para o direito exclusivo de reprodução atribuído ao titular do programa, isto é, que constituiriam actos sujeitos a autorização do autor por fazerem parte da tutela de uma faculdade patrimonial[52].

Noutra sede, defendeu-se a existência de três requisitos ou condições essenciais do direito de reprodução, que persistem no ambiente digital: a incorporação material da obra; a susceptibilidade de obtenção de cópias

---

[50] Embora considerando que estes não são contratos de exploração de uma obra, defende Aparicio Vaquero que nada obsta a que se pense que o direito de reprodução é ainda objecto do contrato *"puesto que dicha transmisión se realiza de forma accesoria, sólo en la medida en que la reproducción es necessário para la utilización del programa"*. Ibidem.

[51] Cfr. Considerando 17).

[52] No mesmo sentido, Dieter Schulte, *Der Referententwurf eines Zweiten Gesetz zur Änderung des Urheberrechtsgesetzes*, in CR, n.º 11, 1992, pp. 650-651; Michael Lehmann, *The New Software Contract Under European and German Copyright Law – Sale and Licensing of Computer Programs*, in IIC, n.º 1, 1994, p. 45; Andreas Raubenheimer, *Implementation...*, cit., p. 619; Gerhard Schricker, Thomas Dreser, Paul Katzenberger, Silve von Lewinski, *Urheberrecht auf dem Weg zur Informationsgesellschaft*, Baden-Baden, Nomos Verlagsgesellschaft, 1997, p. 105.

ou exemplares; e, finalmente, a possibilidade de percepção da obra a partir destes últimos[53].

Contudo, este tipo de reproduções necessárias ao carregamento e funcionamento dos programas de computador encontra-se muito próximo do conceito de utilização das obras que, segundo os princípios fundamentais do direito de autor, se encontra excluído do núcleo de direitos exclusivos. Com efeito, com a mera execução do programa ou a sua visualização não abrem novas possibilidades de utilização da obra – entendendo-se aqui utilização como "uso activo", por oposição ao mero "gozo receptivo" ou gozo intelectual da obra[54] –, apenas se traduzindo em mecanismos aptos a assegurar o gozo intelectual da mesma[55].

Na medida em que o conceito de reprodução relevante para efeitos da protecção jus-autoral é um conceito jurídico, não basta, para identificar um acto jurídico de reprodução, que se atenda às características técnicas relativas à corporalidade, à repetibilidade, à perceptibilidade da obra. É também essencial que se comprove, em relação a cada acto, que se encontram reunidas as características económico-jurídicas necessárias para que se possa afirmar que um determinado acto deve ainda ser submetido a autorização do autor.

O resultado será reconduzir à delimitação do conceito operativo de reprodução a exclusão do seu núcleo de todos os actos imprescindíveis a essa utilização legítima, pelo que, ainda que do ponto de vista tecnológico alguns actos de utilização do programa possam ser confundidos coo modos de reprodução deste, a distinção entre uns e outros, do ponto de vista da sua relevância jurídica, deve ser traçada.

Em suma, o objecto da licença de uso não são actos de reprodução tecnológica que não se revestem de um valor jurídico autónomo. Ao não sujeitar estes actos a autorização do titular do direito de autor sobre o programa, a Directiva n.º 91/250/CEE mais não faz do que, procedendo à delimitação negativa do direito de reprodução, salvaguardar a possibilidade de uso das obras de acordo com o fim a que as mesmas se destinam e na medida em que tenham sido já exercidos pelo titular os direitos de exploração que realmente estão em causa, *verbi gratia* o direito de distribuição dos exemplares materiais

---

[53] Para um estudo dos traços essenciais da noção de reprodução, Cláudia Trabuco, *O direito de reprodução…*, cit., *maxime* pp. 232-320.

[54] A distinção encontra-se em Friedrich Karl Fromm, Wilhelm Nordemann, *Urheberrecht – Kommentar zum Urheberrechtsgesetz und zum Urheberrechtswahrnehmungsgesetz*, 9.ª ed., Stuttgart, Berlin, Köln, Verlag W. Kohlhammer, 1998, Hertin/Nordemann, § 15, p. 175: "*Unter Nutzung versteht das Gesetz den aktiven Gebrauch des Werkes; sein blo, rezeptiver Genu, ist frei*".

[55] No mesmo sentido, Gerhard Schricker, *Urheberrecht – Kommentar*, 2.ª ed., München, Verlag C. H. Beck, 1999, Loewenheim, § 69c, p. 1096.

do programa e, caso não se aceite um direito de distribuição electrónica, o direito de colocação da obra à disposição do público através das redes telemáticas[56].

5.3. Natureza jurídica das licenças de uso de programas de computador

Passando em revista os resultados que têm vindo a ser obtidos no que respeita à análise da natureza jurídica das chamadas "licenças de uso", é na doutrina espanhola que encontramos estudos mais aprofundados e conclusões mais interessantes, apesar de muito diversificadas.

Não deve surpreender que assim seja, uma vez que a doutrina espanhola foi forçada a reagir a uma evolução do panorama legal desde a consagração no n.º 1 do artigo 99.º da *Ley 22/1987, de 11 de Noviembre, de Propiedad Intelectual* de um *"derecho de uso"*, que seria objecto de cessão pelo titular dos direitos sobre o programa de computador[57], mais tarde (provisoriamente) posto em causa pela aparente rejeição de um tal direito pela directiva comunitária que impôs um regime jurídico uniforme para a protecção destes objectos, assimilando-os a obras literárias, e novamente alvo de atenção com a referência feita – para surpresa de alguns autores[58] – no segundo parágrafo da alínea *c)* do artigo 99.º do *Texto Refundido de la Ley de Propiedad Intelectual* de 1996 e, embora em termos algo distintos da lei anteriormente vigente, a uma *"cesión del derecho de uso"*[59].

Assim, se em momento anterior à necessidade de transposição da Directiva n.º 91/250/CEE, a maioria da doutrina se pronunciava a favor da defesa de um direito de uso dos programas de computador, que poderia ser objecto de cessão, o facto de o legislador comunitário inserir os programas de com-

---

[56] Parece ir no mesmo sentido Miguel Gómez Perals, *La cesión de uso...*, cit., pp. 89-90.

[57] Nos termos de tal disposição *"Se entiende por cesión del derecho de uso aquel acto en virtud del cual el titular del derecho de explotación de un programa de ordenador autoriza a otro a utilizar el programa, conservando el cedente la propiedad del mismo. Se entenderá, salvo prueba en contrario, que la cesión del derecho de uso es de carácter no exclusivo e intransferible, presumiéndose asimismo que lo es para satisfacer únicamente las necesidades del usuario".*

[58] Delgado Echeverría apelida-a de *"increíble resurrección de (la cesión de) derecho de uso"*, in Rodrigo Bercovitz Rodríguez-Cano, *Comentarios...*, cit., comentário ao artigo 99.º, p. 1472.

[59] De acordo com o parágrafo em causa, *"A tales efectos* [referência aos direitos de exploração patrimonial regulados pelas alíneas do artigo – reprodução, transformação e comunicação ao público], *cuando se produzca cesión del derecho de uso de un programa de ordenador, se entenderá, salvo prueba en contrario, que dicha cesión tiene carácter no exclusivo e intransferible, presumiéndose, asimismo, que lo es para satisfacer únicamente las necesidades del usuario".*

putador entre as obras protegidas pelo direito de autor, sujeitando-se aos princípios e regras deste último, criou um obstáculo à persistência de uma tal construção.

Face aos termos da lei que hoje vigora em tal ordenamento jurídico e em virtude da necessidade de encontrar uma interpretação conforme às regras comunitárias, dividem-se as posições no que toca à compreensão da locução "*derecho de uso*". Na sua dissertação sobre as licenças de uso, Aparicio Vaquero sistematiza as posições que é possível encontrar na literatura espanhola sobre esta matéria, identificando quatro orientações distintas, entre as quais a teoria que considera mais exacta[60].

Estas posições vão desde a defesa da existência pura e simples de um direito de uso, confirmado pelo teor literal do preceito incluído no *Texto Refundido*[61] até à recusa de eficácia a tal preceito por o mesmo ser considerado contrário à norma comunitária que visa promover a harmonização legislativa neste domínio específico[62]. As posições que procuram a conciliação entre os dois extremos ora desenvolvem a teoria de um direito de uso considerado compatível com as regras comunitárias por destrinçarem entre os direitos de exploração (previstos pela lei) e direitos derivados (resultando estes últimos de criação pelas partes mediante a contratação de actos, não de transmissão, mas de mera concessão destes direitos de uso[63]), ora consideram que as "*licensias de uso*" são, afinal, contratos *sui generis* que, de modo a colocarem o licenciado em condições de utilizar o *software*, procedem instrumentalmente à cessão dos direitos de reprodução necessários a esse efeito[64].

---

[60] Juan Pablo Aparicio Vaquero, *Licencias de uso...*, cit., pp. 258-269.

[61] Assim, José Miguel Rodríguez Tapia, *Comentários a la Ley de Propiedad Intelectual*, Navarra, Civitas, 2007, comentário ao artigo 99.º, p. 543.

[62] Neste último sentido, Jesús Delgado Echeverría, in Rodrigo Bercovitz Rodríguez-Cano, *Comentarios...*, cit., comentário ao artigo 99.º, p. 1473.

[63] Miguel Gómez Perals, *La cesión de uso...*, cit., pp. *passim, maxime* 87-94. A inspiração utilizada por este autor espanhol é a divisão traçada no direito autoral alemão entre "direitos de exploração" e "direitos de utilização ou de uso". Com efeito, no direito germânico o direito de autor é considerado intransferível *inter vivos* (§ 28 UrhG), nada impedindo, porém, o autor, titular do direito de exploração e não alienando a substância deste, de conceder direitos de utilização do direito de autor (*Nützungrechte*). Estes últimos podem ser simples ou exclusivos, mas não implicam nunca a transmissão definitiva das prerrogativas concedidas ao autor (§ 31 UrhG).

[64] Juan Pablo Aparicio Vaquero, *Licencias de uso...*, cit., p. 266-268. Este último considera ser desajustado o reconhecimento de um verdadeiro direito de uso, porquanto, quando este é pretensamente exercido pelo utilizador do programa, o que é efectivamente exercido é o direito de reprodução.

A diferença de pressupostos de que se parte no que concerne ao objecto dos contratos origina, naturalmente, alguma variedade de conclusões respeitantes à qualificação das licenças em causa. No direito espanhol, como de resto em vários outros ordenamentos jurídicos, as opiniões oscilam entre a recondução destas licenças a figuras contratuais tradicionais – *verbi gratia*, a compra e venda e a locação[65] – ou a sua configuração como contratos *sui generis*.

a) Compra e venda

A distribuição dos programas de computador incorporados em suportes tangíveis, originariamente a única forma de distribuição possível, e o aparecimento das licenças atribuídas a destinatários indeterminados como forma de contratação em massa, contribuiu sobremaneira para a "coisificação" do programa e a generalização da ideia de tratamento destes contratos como contratos de compra e venda.

Os autores que, nos diversos ordenamentos jurídicos, sustentam a recondução destes contratos ao tipo da compra e venda fundamentam a sua posição em três factores essenciais: o facto de a licença ser habitualmente atribuída sem imposição de um limite temporal, a realização de um único pagamento que coincide temporalmente com a recepção da cópia do programa e ainda o facto de o licenciante não assumir qualquer obrigação de assegurar o gozo do programa para os fins a que este se destina, como deveria suceder caso o contrato fosse de locação[66]. No mesmo sentido, são também apresentados argumentos que versam sobre a rejeição da qualificação como locação com base noutro dos seus traços característicos, isto é, a obrigação de restituição do bem locado, que está ausente do conteúdo do contrato de licença de programas de computador[67].

---

[65] Alguma doutrina francesa sustenta ainda recondução dos contratos de licença sobre os programas, mesmo aqueles que são produzidos em larga escala, ao *contrat d'enterprise*. Assim, André Lucas, Henri-Jacques Lucas, *Traité...*, cit., pp. 524-525.

[66] Assim, no direito espanhol, Rodrigo Bercovitz Rodríguez-Cano, *Comentarios...*, cit., Jesús Delgado Echeverría, comentário ao artigo 100.°, p. 1480.

[67] Cfr., por todos, Barbara Musti, *Il contratto di "licenza d'uso" del software*, in Francesco Galgano (dir.), "Contratto e impresa", a. XIV, n.° 3, Padova, Cedam, 1998, pp. 1298-1299. Neste texto, a autora resume exemplarmente as posições assumidas pela doutrina italiana, que se reconduzem maioritariamente à defesa da aplicação do regime da locação, e, em virtude dos argumentos referidos, adere a uma orientação minoritária em sentido contrário, equiparando os contratos sobre cópias de *software* aos contratos sobre exemplares de outras obras protegidas: "*L'utente che si reca in un locale commerciale di rivendita ed acquista la copia del programma*

A admissão da compra e venda radica, em larga medida, na ideia de que o modelo contratual defendido pelas empresas produtoras e distribuidoras de *software* que deu origem às leis que estabelecem o regime aplicável à protecção deste bem informático – inicialmente no espaço jurídico estadunidense mas mais tarde comunicado às legislações nacionais europeias por via da transposição da Directiva comunitária –, segundo a qual deveria ser evitada a transmissão de direitos sobre o exemplar do programa de computador, não deve consubstanciar uma qualificação jurídica definitiva para estes contratos.

Com efeito, a busca de uma tutela negocial que vede a faculdade de disposição do bem, permitindo tão-só o gozo do mesmo, aparece justificada pela intenção de evitar a aplicação do princípio do esgotamento, ou seja, a extinção do direito de distribuição sobre as cópias do programa a partir do momento em que as mesmas sejam colocadas no mercado (que, no caso da Directiva n.º 91/250/CEE, se circunscreve ao território da União Europeia) pelo titular dos direitos ou por outrem com o consentimento deste.

Ora, o facto de a primeira transferência de propriedade sobre os exemplares impedir o posterior controlo sobre as revendas sucessivas dos mesmos, ainda que não sobre a locação, é compreensivelmente contrário aos interesses destes agentes económicos, sendo ademais discutível se eventuais disposições contratuais impedindo as transmissões posteriores dos exemplares serão lícitas face ao alcance do próprio princípio do esgotamento. Não obstante, defende esta corrente que a qualificação jurídica como compra e venda decorre inevitavelmente da análise do conteúdo dos contratos, qualquer que seja a vontade das partes[68].

b) Locação

Partindo do pressuposto da desvinculação entre a obra e o suporte em que esta pode aparecer incorporada – até porque a licença de utilização não é em

---

prescelto (analogamente a quanto vviene peru n libro od un disco) conclude un contratto di compravendia e lo «strappo» della confezione sulla quale sono riportate le «condizioni d'uso» prestabilite dal produttore (…) non vale certo ad attribuire all'avenuta cessione una diversa configurazione giuridica". Em sentido convergente, também na doutrina italiana, Vittorio M. De Sanctis, Mario Fabiani, *I Contratti di Diritto di Autore*, Trattato di Diritto Civile e Commerciale, XXXI, T. 1, Milano, Giuffrè Editore, 2000, pp. 371-373.

[68] Barbara Musti, *Il contratto…*, cit., p. 1299. Sobre a relação das licenças sobre programas de computador e o princípio do esgotamento, cfr. ainda André Bertrand, *Le Droit d'Auteur…*, cit., p. 536. No sentido de que a salvaguarda da locação pela alínea *c)* do artigo 4.º da Directiva deve ser entendida com um alcance muito amplo *"au-delá du concept civiliste, comme visant le leasing, la vente avec faculte de rachat ou la licence"*, Alain Strowel, Jean-Paul Triaille, *Le droit d'auteur…*, cit., p. 175.

muitos casos acompanhada de uma coisa corpórea – os partidários da locação consideram que o objecto da licença é um mero direito de uso sobre o bem, isto é, o exemplar do programa de computador, permanecendo a titularidade na esfera jurídica do licenciante.

Em muitos casos, a qualificação que fazem é sustentada pela rejeição da aplicação da compra e venda pelo facto de os traços essenciais deste tipo contratual, que pende para uma interpretação extensiva, permitindo a transmissão da propriedade acompanhada do gozo pleno e exclusivo dos direitos de uso, fruição e disposição, não se coadunarem com as restrições que caracterizam as licenças de utilização e, em especial, com as restrições impostas à alienação dos exemplares dos programas. De acordo com esta teoria, o utilizador legítimo do programa teria um mero direito de crédito sobre o seu fornecedor, sem assunção de qualquer direito real nem sobre o programa enquanto obra nem tão pouco sobre a cópia deste.

A consideração destes contratos como de locação esbarra, porém, em dois obstáculos relevantes que decorrem da observação dos traços essenciais das licenças de utilização: em primeiro lugar, o facto de as licenças não personalizadas não serem geralmente sujeitas a qualquer limite temporal, destinando-se a vigorar por todo o tempo útil de vida do programa, até que o mesmo se torne obsoleto (e, em todo o caso, desde que esteja activo o direito de autor sobre o programa); em segundo lugar, a inexistência de uma obrigação de restituição da coisa – neste caso, o exemplar do programa – uma vez findo o contrato, em alguns casos por falta de interesse do licenciante em tal devolução (distribuição fora de linha), em muitos outros por impossibilidade da prática do acto (distribuição em linha)[69]. Tais características causam embaraço à qualificação dos contratos em causa quer como aluguer quer como comodato, cuja aplicação directa tem, pois, vindo a ser excluída.

c) Contrato autónomo

Os entraves colocados à integração directa dos contratos de licença de utilização em qualquer das figuras contratuais vistas acima, tem reunido autores

---

[69] Contra, Gómez Perals, *La cesión de uso...*, cit., pp. 44, 119-120, para quem não são entraves a esta qualificação nem a obrigação de entrega da coisa exigida pelo *arrendamiento de cosa,* na medida em que tal entrega "*se puede efectuar sobre soportes tangibles (disquete o tape) o en forma electrónica mediante modem u outra conexión*", nem o carácter temporário pressuposto pela locação, considerando que este último aspecto deve apenas ser adaptado de modo a entender-se que a licença vigora "*por el resto de duración de vida útil del programa cedido*".

em torno da defesa de um carácter autónomo, dito por alguns *sui generis* ou misto, destas licenças[70].

Contrariamente ao que sucede com as licenças de exploração das obras intelectuais em geral, incluindo também os programas de computador, são contratos que não visam o aproveitamento económico dos programas, mas a utilização final de cópias destes. É certo que o uso em causa depende da prática de actos de reprodução, que não granjeiam porém o significado jurídico necessário para que se possa considerar que a faculdade de reprodução é objecto do contrato de licença.

Não se verifica a disposição do direito de reprodução do programa (não são, pois, licenças de exploração) nem de um direito de propriedade sobre o exemplar (pelo que é de rejeitar a qualificação como compra e venda).

O objecto da licença é um exemplar do programa de computador, resultante da incorporação da criação intelectual num suporte material e susceptível de multiplicação e em que deve ser reconhecível a forma de expressão da obra, enquanto misto de conteúdo intelectual e forma apreensível – ainda que indirectamente – pelos sentidos humanos.

O direito de autor sobre uma obra distingue-se do direito de propriedade sobre as coisas corpóreas em que aquela seja incorporada. Por este motivo, da eventual transmissão da propriedade sobre o suporte do programa não decorre necessariamente um direito de utilizar a obra ínsita naquele sustentáculo.

O conteúdo característico das licenças de uso não coincide com os actos de reprodução instrumentais à utilização do programa; corresponde, isso sim, à utilização do programa[71], podendo o alcance e algumas modalidades desta utilização ser regulados pelo contrato – por exemplo, limitando o uso do programa num determinado equipamento informático ou unidade de processamento central ou proibindo a sua utilização múltipla, em rede ou em linha –, desde que não seja posta em causa a própria possibilidade de fruição do programa (o que justifica a imposição legal de limites aos direitos exclusivos do titular do direito de autor).

---

[70] Aderindo à posição segundo a qual, não se tratando nem de uma compra e venda nem de uma locação, "*participa de ambas figuras negociales*", Carrascosa López, *et. al*, *La contratación informática...*, cit., pp. 168-169.

[71] Discorda-se, pois, da visão apresentada por Juan Pablo Aparicio Vaquero, *Licencias de uso...*, cit., p. 288, que considera ser este "*un contrato en virtud del cual se ceden los derechos necesarios para poder utilizar el programa de ordenador que es entregado*", isto é, o direito de reprodução, ainda que esta cessão de direitos seja muito limitada uma vez que não são transferidos para efeitos de exploração económica da obra, mas tão-somente para a utilização da mesma.

As licenças de uso correspondem a uma forma particular e de exercício do direito de distribuição, na medida em que sejam colocadas em circulação exemplares materiais dos programas, ou, caso não se aceite a possibilidade de existência de um direito de distribuição electrónica (possibilidade essa que é expressamente rejeitada pelo legislador comunitário e, consequentemente, pelo legislador português), de exercício do direito de colocação da obra à disposição do público mediante a sua disponibilização nas redes digitais.

Num e noutro caso, não existe aquisição de um exemplar (quanto muito de um suporte). A intransmissibilidade que caracteriza as licenças não deriva, assim, de uma cláusula contratual que impeça a disposição, mas da própria inexistência de transmissão da propriedade. Contudo, a duração da licença é, em regra, ilimitada, conferindo ao licenciado, durante a vida útil do programa, a possibilidade de o fruir, aproveitando as suas vantagens como bem utilitário que é. O fim do contrato não comporta uma exigência de devolução do exemplar, que pode, pelo menos nos casos de distribuição electrónica, ser pura e simplesmente impraticável.

A autonomia das licenças de utilização não exclui, porém, sempre que necessário e a semelhança com esses modelos contratuais o justifique, a aplicação analógica do regime do aluguer, ou mesmo do regime da compra e venda pelo menos nos casos em que o uso da cópia tenha sido concedido ilimitadamente e as condições impostas à utilização o permitam[72].

---

[72] Esta é também a opção defendida pela maioria dos autores da literatura jurídica alemã que se pronunciam a respeito. Cfr,, entre outros, Michael Lehmann, *The New Software Contract...*, cit, pp. 46-50, *Idem, Des Urhebervertragsrecht...*, cit, p. 569, Haimo Schack, *Urheber...*, cit., p. 494, Manfred Rehbinder, *Urheberrecht,* cit., p. 334. Entre nós, considerando "como matriz contratual a figura «neutra» da licença", Alexandre Dias Pereira, *Protecção jurídica...*, cit., p. 502, partilha de posição que julgamos convergente com esta, referindo-se ainda, nos casos de contratos gratuitos, à recondução aos regimes do comodato ou da doação.

Vida académica

Programa Direito em Acção:
Ligar o Ensino à Prática Judiciária

Assunção Cristas[*]

No ano lectivo de 2006/07 a Faculdade de Direito da Universidade Nova de Lisboa, em conjunto com cinco juízes das varas cíveis de Lisboa (Palácio da Justiça)[1] e o juiz Presidente do Tribunal da Comarca do Seixal[2] deu início ao programa que tem vindo a ser conhecido como "Direito em Acção"[3].

O objectivo do programa é permitir aos estudantes o contacto com problemas reais de aplicação do direito, à medida que vão estudando os direitos material e processual.

Inicialmente pensou-se que funcionaria no âmbito das disciplinas de direito processual, com o objectivo de permitir aos estudantes acompanhar em tempo real a tramitação de um processo. Contudo, logo se percebeu que o tempo normal de pendência de um processo não era compatível com cadeiras semestrais, o que desmotivaria os estudantes e daria poucos resultados. Assim, para o arranque do projecto, no primeiro semestre do ano lectivo 2006/07, a escolha recaiu sobre uma cadeira de direito substantivo – Direito das Obrigações I, turma B (minha regência). No segundo semestre teve continuidade em Direito das Obrigações II, turma B e também em Direito Processual Civil II (regência da Prof. Doutora Mariana França

---

[*] Professora da Faculdade de Direito da Universidade Nova de Lisboa

[1] Os Senhores Drs. Joaquim Lourenço Boavida (1.ª vara, 2.ª secção), Luís Filipe Sousa (9.ª vara, 1.ª secção), Maria João Matos (12.ª vara, 1.ª secção), Carla Brás Câmara (15.ª vara, 3.ª secção), Maria Gabriela Rodrigues (15.ª vara, 2.ª secção).

[2] Dr. António Fialho.

[3] Do ponto de vista do enquadramento institucional, foi feita uma tentativa séria e consistente de celebrar um protocolo entre a FDUNL e o Conselho Superior de Magistratura. O texto foi elaborado, visando a criação do "Sistema de Acompanhamento de Processos Judiciais" (SAPJU). Contudo, o Conselho Superior de Magistratura, em deliberação de 12 de Setembro de 2006, optou por nada opor ao exercício da actividade, mas não permitir a celebração do protocolo. Assim, o programa foi desenvolvido como inicialmente previsto, embora sem o enquadramento protocolar e institucional pensado.

Gouveia). No 1.º semestre do ano lectivo 2007/08, funcionou na nova disciplina de Responsabilidade Civil, regida pela Prof. Doutora Ana Prata[4], e no 2.º semestre na nova disciplina de Direito dos Contratos, turma A, da minha responsabilidade.

O programa pode explicar-se em 3 fases, que correm ao longo do semestre: a primeira fase corresponde à escolha dos processos, formação dos grupos e distribuição dos primeiros pelos segundos (da responsabilidade articulada do docente e dos magistrados, através do magistrado responsável); a segunda fase diz respeito ao contacto entre os estudantes, os magistrados e o processo (articulação directa entre primeiros e segundos); a terceira fase compreende a redacção do trabalho e a avaliação qualitativa pelo magistrado e quantitativa pelo docente.

Os estudantes analisam um processo que aborde alguma das matérias contidas no programa da disciplina em causa, têm contacto com o tribunal e o magistrado do processo, assistem à audiência de discussão e julgamento e, uma vez fixada a matéria de facto, elaboram (simulações de) alegações de direito do autor, do réu ou projecto de sentença consoante o lugar lhes foi determinado no processo. Ao mesmo tempo que aprofundam os seus conhecimentos de direito material, compreendem o processo e têm contacto com os problemas processuais.

O programa exige uma articulação estreita entre magistrados, representados, para facilidade de comunicação, por um deles[5], e docente. Na primeira fase, antes mesmo do semestre começar, o docente transmite ao magistrado responsável o conjunto de matérias relevantes (foi o caso, por ex., de cumprimento e incumprimento contratual para Obrigações I ou Responsabilidade Civil para Obrigações II), para que, reunido com os colegas, possa enviar uma lista de processos interessantes para o tema.

Na escolha destes processos é pedido aos magistrados que tenham em conta diversos factores, para além da matéria tratada: complexidade e interesse do processo – convém que não seja demasiado complexo, envolvendo um número excessivo de questões jurídicas, nem que previsivelmente implique várias sessões de audiência de discussão e julgamento; data do agenda-

---

[4] Por razões diversas, como a requisição pelo Centro de Estudos Judiciários da Dra. Carla Brás Câmara, a mudança para o tribunal do Barreiro do Dr. António Fialho, e a disponibilidade mais limitada da Dra. Maria João Matos, a composição dos magistrados envolvidos no programa alterou-se ligeiramente. Participarem, assim, no primeiro semestre do ano lectivo 2007/08, para além dos restantes magistrados referidos na nota 1, a Dra. Cristina Coelho Ferreia Neves (2.ª vara, 3.ª secção) e o Dr. Pedro Manuel Ribeiro Maurício (2.º juízo cível, 2.ª secção).

[5] Tem desempenhado esta função de ponto de contacto o Dr. Luís Filipe Sousa.

mento da audiência de discussão e julgamento – deverá corresponder sensivelmente a meio do semestre, para que os estudantes tenham tempo de produzir o trabalho até ao fim das aulas; maior probabilidade de realização de audiência de discussão e julgamento na data prevista – sendo de evitar casos em que seja previsível um adiamento, privilegiando, por exemplo, segundas marcações.

No início do semestre os estudantes são incentivados a inscreverem-se no programa em grupos de dois. A participação é totalmente voluntária e os estudantes são advertidos para a exigência de empenhamento. Os grupos de dois estudantes são então distribuídos pelos processos, correspondendo a cada processo três grupos: um assumirá a posição do autor, outro do réu e outro de juiz. Assim, o trabalho final será a elaboração de alegações de direito do autor, do réu ou o projecto de sentença.

Depois de constituídos os grupos e distribuídos os processos é designado um estudante de cada conjunto de seis, que será o ponto de contacto com o magistrado do processo. O primeiro contacto inclui uma visita ao tribunal, onde o magistrado faculta o acesso ao processo, fornece cópia das partes mais relevantes e conversa com os estudantes explicando o caso em questão. Munidos desses elementos os estudantes preparam-se para assistir à audiência de discussão e julgamento, estudando com profundidade o caso e as questões jurídicas pertinentes. Se por acaso acontecer, como já aconteceu, um adiamento do julgamento, então duas soluções são ponderadas: passar para um outro processo ou, se tal não for possível ou conveniente, o juiz simular a produção da prova, para que os estudantes possam prosseguir.

O trabalho de redacção das peças processuais é feito pelos estudantes com total independência e autonomia, sendo proposta a seguinte organização formal para o projecto de sentença: I. Síntese da causa de pedir e dos pedidos do autor (deve ser elaborado um resumo da petição inicial contendo os diversos pedidos formulados pelo autor); II. Síntese da defesa do réu (deve ser elaborado um resumo da defesa apresentada pelo réu, discriminando-se as excepções dilatórias e peremptórias que tenham sido deduzidas e, caso se justifique, mencionando-se igualmente um resumo do pedido reconvencional); III. Questões a decidir (síntese das questões que devem ser decididas no âmbito da decisão e de acordo com as posições assumidas pelas partes; IV. Factos provados (enunciado dos factos considerados provados organizados segundo uma ordem cronológica e de acordo com a distribuição do ónus da prova); V. Fundamentação de direito (resolução jurídica do caso concreto com a enunciação das diversas soluções jurídicas que podem ser adoptadas); VI. Dispositivo (conclusão sobre a procedência ou improcedência da acção nos termos em que era configurada pelo lado activo).

Só no final o magistrado faz uma apreciação qualitativa de acordo com a seguinte tabela.

Nomes dos estudantes: Processo: Grupo:				
PARÂMETROS DE AVALIAÇÃO	Insuficiente	Suficiente	Boa	Muito Boa
Estrutura do trabalho				
Rigor terminologia jurídica empregue				
Fundamentação legal				
Fundamentação doutrinária				
Fundamentação jurisprudencial				
Solução propugnada				
Empenhamento				
OBSERVAÇÕES:				

Os estudantes devem entregar o trabalho ao magistrado e ao docente até ao último dia de aulas. O docente ponderará a classificação a atribuir tendo em conta também a avaliação qualitativa feita pelo magistrado. Até então o programa funciona quase exclusivamente entre estudantes e magistrados.

Quase exclusivamente porque na prática é muito frequente os estudantes dirigirem-se ao professor para explicar o caso e tirar dúvidas. Por vezes a discussão entre os grupos é de tal forma acalorada que é mesmo pedido ao docente que tome parte na querela! Entre os estudantes, a participação no programa é um estímulo para o estudo e o debate dos problemas em causa, sendo frequentemente motivo de conversa nos intervalos e de troca de impressões nas aulas.

A minha experiência mostra que o programa tem sido muito positivo. Os estudantes estão interessados e motivados e, comparando com anos anteriores, as notas de Direito das Obrigações I e II melhoraram significativamente. O mesmo aconteceu na disciplina de Direito Processual Civil II. Também em Responsabilidade Civil os resultados foram considerados positivos. No 2.º semestre do ano lectivo de 2007/08 o programa funcionou no âmbito de Direito dos Contratos, que é uma disciplina do 4.º semestre da licenciatura prévia a qualquer disciplina de direito processual. Não obstante os estudantes terem poucos conhecimentos teóricos de direito adjectivo, o programa funcionou muito bem e alguns dos trabalhos produzidos foram de elevada qualidade. A precedência (ou simultaniedade) do estudo do direito processual não se afigura um requisito indispensável para o bom funcionamento do programa. Também os magistrados reputam a experiência de muitíssima enriquecedora. Creio, pois, ser um caminho a aprofundar no futuro.

Normas redactoriais

1. APRESENTAÇÃO DOS ORIGINAIS

Entrega em disquete. Programa elegível: *Winword*.
A redação aceita propostas de textos enviados pelos autores. Compromete-se a uma resposta quanto à sua aceitação no prazo de 60 dias. Não se responsabiliza pela devolução dos originais não solicitados.
Endereço: Redacção de *Thémis. Revista de Direito*, Faculdade de Direito, Universidade Nova de Lisboa, Trav. Estevão Pinto, 1070-124 Lisboa.

2. LIMITES DOS TEXTOS

Ensaios: 100 000 caracteres   (= 55 pp. de 30 lin. de 60 caracteres)
Recensões: 7 500 caracteres   (= 4 pp. de 30 lin. de 60 caracteres)
Comentários: 15 000 caracteres   (= 8 pp. de 30 lin. de 60 caracteres)

3. CITAÇÕES BIBLIOGRÁFICAS

É obrigatória a observância da seguinte norma editorial, no caso de citações.

Primeiras ocorrências. Exemplos:

Frédéric Mauro, *Études économiques sur l'expansion portugaise (1500--1569)*, Paris, Gulbenkian, 1970, pp. 13 segs.
Raul Proença (ed.), *Guia de Portugal, 1. Generalidades: Lisboa*, Lisboa, Gulbenkian, 1975.
António Monteiro Alves *et alli, Apectos Recentes da Evolução do Mercado do Vinho em Portugal*, Lisboa, Gulbenkian, 1972, pp. 51-60.
Veronica Ions, *Egyptian Mythology*, London, Hamlyn, 1982.
Carlos Fabião, «Para a história da arqueologia em Portugal», in *Penélope. Fazer e Desfazer a História*, 2(1989), pp. 9 segs. (ou 9-25).
José Mattoso, *Portugal medieval. Novas Interpretações*, Lisboa, INCM, 1985, p. 105.
—, *Identificação de um País*, I. *Oposição*, Lisboa, Estampa, 1985, p. 73.
Robert Durand (ed.), *Cartulaire (Le) Baio-Ferrado du Monastêre de Grijó (XI-XIII siècles)*, Lisboa, Gulbenkian, 1971, p. 70
Paul Teyssier, «Introduction», Eça de Queiroz, *Les Maias*, I, Paris, Gulbenkian, 1971, pp. 3-39.

Ocorrências seguintes. Exemplo:

F. Mauro, *Études* cit., pp. 117 segs.

4. TABELA DE PREÇOS DE PUBLICIDADE.

A revista aceita publicidade adequada ao tipo de publicação.
Tabela de preços: Página – 1 500 €.

5. NORMAS DE EDIÇÃO

É obrigatória a observância da norma editorial da revista, a que obedece o presente número.
Explicitam-se algumas normas.
Não se fazem parágrafos nas notas.
Apenas se usa **negrito** nos títulos.
O destaque é feito pelo itálico (e não pelo **negrito** ou sublinhado).
Toda a frase deve terminar por pontuação (ponto, reticências, exclamação, interrogação).
Grafias aceites e rejeitadas:

ACEITE	NÃO ACEITE
" "	« »
".	."
não?	não ?
diz[1].	diz[2].
"[3]	[4]"
diz[5].	diz.[6]
"Esta decisão", diz Raposo	"*Esta decisão*", diz Raposo
"poder"	" poder "

6. REVISÃO DE PROVAS

A revisão de provas será feita pela redacção. Só excepcionalmente será pedida a colaboração dos autores, os quais também só excepcionalmente poderão alterar os originais entregues.

7. REDACÇÃO DE THEMIS. REVISTA DE DIREITO:

Faculdade de Direito, Universidade Nova de Lisboa, Trav. Estêvão Pinto, 1099-032 Lisboa.
Tel.: 21 384 74 37
Fax: 21 384 74 71
E-mail: ifalcao@fd.unl.pt

8. PREÇOS E ASSINATURAS:

Preço deste número: € 16,00 (IVA incluído à taxa de 5%)

Assinaturas (anuais, 2 números) Portugal: € 32,00 (inclui portes)
Europe: € 40,00 (including post / surface mail)
Overseas: € 50,00 (including post / air mail)

PEDIDOS PARA:

Livraria Almedina
Arco de Almedina, 15
3004-509 Coimbra
Portugal

vendas@almedina.net

Índice

ÍNDICE

Novo Regime do Arrendamento Urbano

José Lebre de Freitas, *Nota de Introdução* 5

Pinto Furtado, *O Regime do Arrendamento Urbano: Evolução e novas perspectivas* 7

Assunção Cristas, *Regime de obras e sua repercussão na renda e na manutenção do contrato de arrendamento* 27

Rui Pinto Duarte, *A Cessação da Relação de Arrendamento Urbano no NRAU* 45

José Lebre de Freitas, *A nova acção de despejo* 75

Elsa Sequeira Santos, *O Regime Transitório no Novo Regime do Arrendamento Urbano* .. 83

Propriedade

Carlos Ferreira de Almeida, *Nota de Introdução* 99

António Manuel Hespanha, Francisco Borges, *Prática Jurídica Interdisciplinar I – A Propriedade e a História* 101

João Caupers, *O domínio público* 109

J. Oliveira Ascensão, *Direitos Intelectuais: Propriedade ou Exclusivo?* 117

Cláudia Trabuco, *O direito de autor e as licenças de utilização sobre programas de computador – o contributo dos contratos para a compreensão do direito* 139

Vida Académica

Assunção Cristas, *Programa Direito em Acção: Ligar o Ensino à Prática judiciária* 173

Normas redactoriais 181

Índice 187